AF366270

FRÉDÉRIC MARCELIN

# ERREUR ET VÉRITÉ

*Au Corps Législatif d'Haïti.*

PARIS

SOCIÉTÉ ANONYME DE L'IMPRIMERIE KUGELMANN
(L. Cadot, Directeur),
12, rue de la Grange-Batelière, 12

1910

# ERREUR ET VÉRITÉ

FRÉDÉRIC MARCELIN

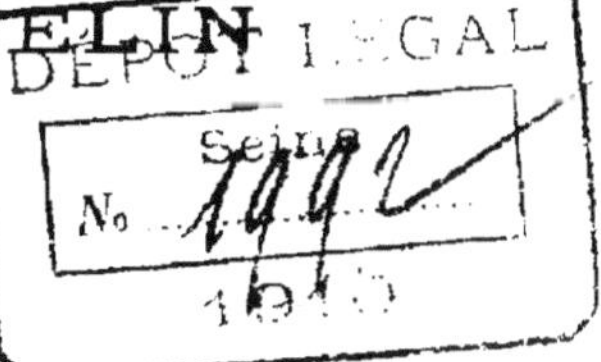

# ERREUR ET VÉRITÉ

*Au Corps Législatif d'Haiti.*

PARIS

SOCIÉTÉ ANONYME DE L'IMPRIMERIE KUGELMANN
(L. Cadot, Directeur),
12, rue de la Grange-Batelière, 12
—
1910

# ERREUR ET VÉRITÉ

---

*Au Corps législatif d'Haïti.*

## I

Dans *Le Matin* du lundi 30 août 1909, on lit, à la séance du 28 août de la Chambre des Députés, ce qui suit : « On aborde ensuite la discussion des conclusions du rapport de la commission des comptes généraux qui sont adoptées. (Décharge est accordé pour l'exercice 1907-1908 aux citoyens Pauléus Sannon, Louis Borno, Laleau, Pétion Pierre-André et V. Leconte.)

« Le député Pierre Paul, rapporteur de cette commission, fait ressortir qu'elle n'a pas pu proposer d'accorder décharge aux autres ministres qui ont géré la chose publique pendant le même exercice budgétaire, parce qu'ils n'ont pas envoyé de pièces justificatives à la Chambre des Comptes. »

Voilà une assertion qui, en ce qui concerne le département des finances que j'ai géré durant l'exercice en question, était faite pour me plonger dans la plus extrême stupéfaction.

Comment ! pas de pièces justificatives durant cette période ! ... J'aurais donc administré le Département sans souci des règles les plus élémentaires de la comptabilité publique, sans souci de ma responsabilité, au mépris de la plus vulgaire intelligence, comme un inconscient qui croit que le déluge liquidera tout!... Cette assertion, pour nette qu'elle soit, trop nette même comme tout ce qui est l'effet de la passion, ne peut soutenir le plus léger examen.

Je la repousse formellement. Et j'entends, sans acrimonie aucune, établir qu'elle ne cadre en aucune façon avec l'idée que je me suis toujours figurée d'une charge publique. C'est-à-dire que, aussi bien pour moi que pour ceux qui étaient ou sous mes ordres ou sous un certain contrôle dérivant de la nature de mes fonctions, je n'ai jamais manqué d'observer les lois et règlement, ne laissant rien dans l'ombre, mettant tout au jour, comme c'était mon devoir et mon droit.

Dans mon récent ouvrage, *Le Général Nord Alexis*, j'ai publié des pièces, des documents qui visent au même objet. Je les complète ici, et j'aurai sans doute à les compléter ultérieurement encore, selon les circonstances. Le lecteur de bonne foi conviendra, pour se faire un jugement sur mon administration, qu'il est inadmissible qu'ayant été toujours si pointilleux les années précédentes, j'aie justement oublié de l'être, j'aie subitement dégringolé à *l'absence de pièces justificatives* en cette année 1907-1908 où précisément, plus qu'auparavant, j'en avais besoin puisqu'on arrivait à la fin du régime. La vérité est que, pas plus avant qu'après, les pièces justificatives n'ont manqué à ma gestion ministérielle.

C'est donc une phrase en l'air, commodément usitée entre adversaires politiques. Je n'en rends personne responsable. Mais je demande qu'on la redresse au nom de la vérité, qui doit être, le plus possible, la boussole des pouvoirs publics.

## II

Il s'agit d'abord d'établir que la régularité dans les comptes, la fidélité aux règlements d'administration publique furent toujours exemplairement observées au département des finances durant ma gestion. Si elles le furent antérieurement, pourquoi aurait-on oublié ces règles en 1907/1908 où elles étaient plus que nécessaires, le régime allant à sa fin, comme je viens de le dire ?

Je ne conteste pas que le service public coûtait budgétairement très cher sous le général Nord. En coûte-t-il moins aujourd'hui ?

Mais je prétends, qu'en dehors des départements de la guerre, de la marine et de la police générale où j'attends encore la preuve, d'une résistance victorieuse, les autres

Départements se conformaient à leurs crédits strictement. Et encore, même pour ces départements que je viens de citer, je n'ai jamais abandonné la lutte avec eux, et parfois j'obtenais quelque résultat.

Voici à ce propos la lettre suivante :

SECTION
DU CONTROLE DE LA BANQUE

N° 243

*Port-au-Prince, le 31 décembre 1905.*

Au Secrétaire d'Etat de l'Intérieur
et de la Police générale.

Mon cher Collègue,

Vous m'avez envoyé un reçu de 25.000 gourdes, pour dépenses extraordinaires, valeur à régulariser au moyen d'un crédit supplémentaire dites-vous, à demander aux Chambres. (Décision du Conseil des Secrétaires d'Etat du 26 courant.)

J'ai le regret de vous le retourner et vous prie de vous référer, en ce qui concerne les crédits supplémentaires, à la loi de finances et au règlement sur le service de trésorerie.

Recevez, mon cher Collègue, l'assurance de ma considération distinguée.     F. MARCELIN.

Savez-vous à quoi étaient destinées ces
25,000 gourdes ? C'étaient des étrennes
que les ministres s'étaient votées. Je refu-
sai d'acquitter le reçu et je ne l'acquittai
pas. Sans doute, je n'aurais pas eu le même
succès si ç'avait été une dépense pour
« sécurité publique... » Mais enfin je ne
payai pas.

Je dois repousser ici, en passant, l'allégation d'un journaliste qui, dans *Le Bon
Sens*, a affirmé que les ministres de Nord
Alexis touchaient 4,000 gourdes mensuellement d'indemnités. Cette allégation est
radicalement fausse. Durant longtemps,
mes collègues et moi nous n'avons eu que
500 gourdes par mois. Quand, plus tard,
le Corps Législatif eût adopté le change de
100 % pour ses indemnités, le Conseil des
secrétaires d'Etat décida de s'appliquer
aussi le même traitement. Nous touchâ-
mes donc 1,000 gourdes chacun par mois
jusqu'au 2 décembre 1908. Jamais une
gourde en plus, et quels que fussent les sou-

bresauts du change. Je ne sais si les ministres du général Antoine Simon touchent
encore 1,000 gourdes ou si, avec la baisse
du change, on les a ramenés au chiffre pri-
mitif de 500.

Il y avait, il est vrai, au chapitre des
dépenses extraordinaires, une petite allocation que percevait le ministre des finances ;
elle n'a jamais dépassé, sous mon ministère, le chiffre de 310 gourdes. De cette
somme, plus des deux tiers allaient à différentes gratifications obligatoires et mensuelles. On trouvera plus loin l'état détaillé,
tel qu'il fut soumis au Comité des finances,
de ce que percevaient et le ministre et ses
employés de la caisse publique mensuellement.

Je suppose, sans rien affirmer, que mes
autres collègues avaient aussi une modeste
allocation mensuelle dans leurs frais extraordinaires. Cela existe-t-il encore dans le nouveau régime ? Je n'en sais absolument rien.
Mais on voit que, contrairement à l'asser-

tion du journaliste du *Bon Sens,* les ministres de Nord Alexis n'ont jamais perçu au delà de 1,000 gourdes d'indemnité mensuelle. On peut consulter à ce sujet les livres de la Recette générale à Port-au-Prince.

Je poursuis l'énumération de quelques pièces.

En ce qui concerne le département de la guerre :

SECTION
DU CONTROLE DE LA BANQUE
—
N° 62

*Port-au-Prince, le 6 janvier* 1906.

A Son Excellence le Président d'Haïti,
Palais National.

Monsieur le Président,

Le budget a fixé au chiffre de $ 210,186 pour toute l'année — soit $ 17,515.50 par mois — la ration extraordinaire de la République. Une décision du Conseil des Secrétaires d'Etat a permis en octobre, à mon collègue de la guerre, de forcer son douzième. Il a donc porté

1.

au douzième d'octobre............$  54.781  »
au douzième de novembre.......   64.376 30
au douzième de décembre.......   68.418  »

Ce qui fait pour les trois mois
un chiffre de....................$  187.575 30
Il ne reste donc que...........   22.610 70
pour clore le crédit budgétaire.

Le département de la guerre, cependant, me présente aujourd'hui un douzième pour janvier, comportant le chiffre de $ 68,418. Il est nécessaire qu'il ramène ce chiffre au solde budgétaire, qui est de $ 22,610.70.

C'est aussi pour moi l'occasion, Monsieur le Président, de vous prier de fixer, dans votre sagesse habituelle, une fois pour toutes — et par une décision du Conseil — le chiffre mensuel de la ration extraordinaire, car il est impossible, avec nos faibles ressources, de continuer à payer un chiffre aussi élevé, variant de $ 54.781 pour octobre (qui était cependant de cinq semaines), au chiffre actuel de $ 68.418 pour des mois cependant de quatre semaines.

Il importe que la haute autorité de Votre Excellence intervienne pour ramener la ration extraordinaire à un chiffre normal.

Daignez agréer, Monsieur le Président,

l'hommage de tout mon respect et de tout mon dévouement.                    F. Marcelin.

**En ce qui a trait aux valeurs recouvrées du procès de la consolidation :**

*Port-au-Prince. le 13 août 1906.*

A la Commission des comptes généraux
de la Chambre des Représentants.

Messieurs les Représentants,

J'ai l'honneur de vous accuser réception de votre message, du 10 août courant, au n° 84, me demandant de vous « faire aboutir au plus « tôt un état des valeurs recouvrées du procès « de la consolidation et comportant les dépen- « ses de ce chef ».

Dans l'exposé de la situation présenté cette année au Corps législatif, le département des finances n'a pas manqué de faire mention des sommes encaissées de ce procès et dépensées pour le service public jusqu'au 8 mars 1906. Par le relevé que je vous envoie sous ce pli, vous constaterez aisément que les recettes perçues se sont élevées à..........P.   383.983 36 et les dépenses à..............P.   382.294 46 et qu'il se trouvait à la Banque Nationale, à cette date du 8 mars, en espèces-or...................P.   1.688 90

Les 383,983 p. 36 ont été régulièrement ordonnancées en recettes, comme le veut le règlement pour le service de la trésorerie. Le classement en a été fait au chapitre des « Ressources extraordinaires du budget des voies et moyens ».

Les comptes généraux de l'exercice 1904-1905 que vous avez sous les yeux présentent, d'une part, les ordonnances de recettes recouvrées, et, d'autre part, les ordonnances de dépenses acquittées et non encore acquittées. Il est évident qu'il ne peut vous être remis un état des dépenses exclusivement effectuées au moyen des fonds du procès de la consolidation, à moins que le Corps législatif, en votant la loi du 7 juillet 1905, ait affecté ces fonds à des dépenses déterminées. Mais il a prescrit et ordonné purement et simplement ce qui suit :

« Article 1er. — Toutes les valeurs, générale-
« ment quelconques, recouvrées et à recou-
« vrer des condamnés, et toutes celles accu-
« mulées à la Banque Nationale d'Haïti, en
« vertue de saisies régulièrement effectuées,
« seront employées aux dépenses du service
« public. »

Si d'autres renseignements vous sont nécessaires, je m'empresserai, sur votre demande, de déléguer auprès de vous le chef du service

de la comptabilité générale de la République,
M. Emile Blanchard, qui vous communiquera
tous les documents qui ont servi à la reddition
des comptes soumis à votre examen éclairé.

Je vous prie d'agréer, Messieurs les Représentants, les assurances de ma haute considération.

F. MARCELIN.

Mon action incessante pour le bien du
service et pour la sortie régulière des fonds
ne se bornait pas à ces limites... Et je
m'attirai cette réponse un jour du président
du Comité permanent du Sénat pour avoir
réclamé le budget général de la République
qui, selon moi, tardait trop à me parvenir :
ce qui pouvait amener quelque désordre
dans la distribution des crédits :

N° 6
—

*Port-au-Prince, le 19 octobre 1906.*

Au Secrétaire d'Etat des finances.

Monsieur le Secrétaire d'Etat,

J'ai l'honneur de vous accuser réception de
votre dépêche en date d'hier, au n° 146.

Vous ne devez pas ignorer, Monsieur le Secrétaire d'Etat, et les chefs de service de votre département le savent aussi, que, généralement, toutes les lois sont expédiées directement au Président de la République, qui les fait promulguer (art. 96 de la Constitution).

Depuis le 5 octobre courant, le budget général de la République, la loi portant fixation du budget des dépenses et celle portant fixation du budget des recettes ont été expédiés au Président de la République. Si donc vous n'avez pas encore reçu ces documents, la faute n'en est pas à moi.

Veuillez agréer, Monsieur le Secrétaire d'Etat, les assurances de ma haute considération.

Le Président.

TH. DUPITON.

Voici une correspondance assez intéressante entre mon ancien collègue au département de l'intérieur et moi. Etant encore aux affaires, et personnage très puissant, dit-on, dans le gouvernement actuel, M. Pétion Pierre-André est en bonne posture pour témoigner du souci que j'ai toujours eu de maintenir l'ordre et la régularité dans le maniement des fonds publics. Quand cet intérèt-là était en jeu, des amitiés qui m'é- taient chères, et souvent même le mécon- tentement possible du chef de l'Etat, comp- taient fort peu pour moi :

N° 144

*Port-au-Prince, le 13 décembre 1906.*

Au Secrétaire d'Etat des finances.

Mon cher Collègue,

Aujourd'hui est le 13 décembre et nous avons les fêtes : 1° de S. Exc. le Président d'Haïti, des 17 et 21 du courant, c'est-à-dire dans quatre jours ; et 2° la grande fête de l'Indépendance d'Haïti.

Il y a pour cela : 1° un chiffre porté au bud- get, et 2° une décision du Conseil des Secré- taires d Etat.

Mon département a tout régularisé à temps. Comme je viens de vous le dire, il me faut avoir cet argent en mains pour faire le néces- saire pour les fêtes des 17 et 21 (dans quatre jours) ; pour expédier des chèques dans tous les arrondissements et dans toutes les commu- nes du pays, samedi prochain, 15 du courant, après-demain, sinon la fête de l'Indépendance ne pourra avoir lieu dans toute l'étendue de la République.

Or, jusqu'ici, à cette date du 13, n'ayant point touché ces deux sommes, je me trouve dans l'impossibilité matérielle d'agir. Vous le voyez bien, cher collègue, je suis absolument condamné à prendre cette attitude pour la sauvegarde de ma responsabilité personnelle devant le Gouvernement.

Veuillez bien m'en excuser et agréer mes plus cordiales salutations.

PÉTION P. ANDRÉ.

SECTION
DU CONTROLE DE LA BANQUE

N° 466

*Port-au-Prince, le 13 décembre 1906.*

Au Secrétaire d'Etat de l'intérieur, etc.

Mon cher collègue,

Je vous accuse réception de votre dépêche en date de ce jour, n° 144.

En effet, l'ordonnance que vous avez dressée de $ 30,000 est dans mes bureaux. Je l'ai signée hier et j'ai prié le directeur général de la Recette de mettre à votre disposition là-dessus une somme de $ 6,000 pour vous permettre de faire face aux fêtes des 17 et 21 courant en attendant que le solde vous soit compté pour la fête de l'Indépendance. Cela sera fait à temps.

Je sais bien que, sur votre demande, le Conseil vous a autorisé de prendre *évidemment* sur ces $ 30,000 la somme de $ 10,000 ; mais je ne puis, en ce moment, que donner $ 6,000, et je vous saurai gré de patienter pour avoir les $ 4,000 restants dans deux jours.

Je prends la liberté de vous faire remarquer que le budget de 1905-1906 portait un chiffre de $ 10,000 pour la fête de l'Indépendance. Sur votre demande, le Conseil vous donna, à cette époque, par crédit supplémentaire, d'abord $ 10,000, ensuite $ 2,000. Ce qui fit, avec les $ 10,000 budgétaires, un total de $ 22,000 pour les fêtes des 17 et 21 décembre, ainsi que pour celle de l'Indépendance. Et, il vous en souvient, les fêtes, grâce à votre patriotisme intelligent, furent très belles.

Vous avez aujourd'hui, budgétairement, $ 30,000, au lieu de $ 22,000 (budget supplémentaire compris). Je compte que, vu l'état de notre caisse et tant de dépenses à satisfaire, vous m'aiderez de votre mieux.

Votre collègue dévoué.

F. MARCELIN.

SECTION
DE LA COMPTABILITÉ

N° 51

*Port-au-Prince, le 15 décembre 1906.*

Au Secrétaire d'Etat des finances.

Mon cher Collègue,

C'est hier soir seulement, le 14, que j'ai reçu la réponse de ma première lettre, alors que j'ai eu le temps de vous en adresser une seconde, à laquelle vous avez aussi répondu.

J'y réponds *illico*, afin que vous réfléchissiez bien sur la gravité du cas.

La chose est simple comme bonjour :

1.° Cette partie de mon budget a été, tour à tour, appréciée et votée par la commission du budget de la Chambre, par la Chambre elle-même, par la commission des finances du Sénat et par le Sénat, et enfin par le Corps législatif. Cette loi budgétaire a été promulguée et publiée par le Pouvoir exécutif. Elle porte à $ 30.000 les dépenses pour la célébration de la fête de l'Indépendance d'Haïti.

J'ai ordonnancé à temps et vous ai demandé le paiement du chiffre, pour qu'aucun retard préjudiciable ne fût porté à l'expédition des chèques sur tous les points du pays.

2° Comme il s'agissait aussi de la fête de S. Exc. le Président d'Haïti, les 17 et 21 décembre, dont le chiffre des dépenses n'avait ni dû ni pu être prévu au budget, j'ai demandé un crédit de $ 10,000 au Conseil des Secrétaires d'Etat, qui l'a voté. Toutes mes demandes de paiement ont été jusqu'ici vaines, si ce n'est qu'un insignifiant à valoir de $ 6,000 que vous avez fait verser !!! Je suis obligé de répondre surtout au dernier paragraphe de votre lettre, que l'irréflexion seule excuse.

Que je relève d'abord une erreur :

L'année dernière, le Conseil avait voté $ 20,000, ce qui m'avait permis de faire les frais avec $ 30,000 et non $ 22,000, comme vous le dites ; et c'est pourquoi cette année j'ai dû porter $ 30,000 pour la fête de l'Indépendance et que les Chambres ont votées. Vous savez bien qu'à l'occasion, soit des dépenses à faire pour les fêtes de fin d'année, soit même pour l'anniversaire de la mort de Dessalines, le chef de l'Etat a été souvent obligé de dépenser de sa poche, voire même moi, à l'aide de mes appointements de Ministre.

Sans doute, cher collègue, vous commandez l'armée des fonctionnaires chargés du recouvrement des recettes et du paiement des dépenses. Vous dirigez les mouvements de fonds. Vous surveillez la situation du Trésor. Votre autorité s'étend sur une institution, par exemple, comme la Banque Nationale d'Haïti, etc.

Pendant le cours de la préparation du budget, vous centralisez les budgets de dépenses des départements ministériels. Mais, aucune prépondérance ne vous est attribuée sur vos collègues. Vous n'avez aucun droit de contrôler leurs budgets respectifs, ni de vous immiscer dans les affaires d'aucun département, surtout celui de l'intérieur et de la police générale, au point de vous ériger en juge des dépenses faites ou à faire à l'occasion de telle ou de telle chose. Encore une fois, en un mot, vous n'êtes point contrôleur des dépenses des autres Ministres. Il ne vous appartient pas d'entrer dans les détails de leur administration, d'apprécier l'utilité, la nécessité, l'urgence de leurs dépenses et d'arrêter, à votre gré, par ainsi, les services publics. Notre Constitution n'a pas fait du Ministre des finances d'Haïti ni un Sully, ni un Colbert, ni un Necker, ni un Thiers armés de leurs omnipotentes prérogatives.

Il est mille fois malheureux, mon cher collègue, que le paragraphe de votre dépêche ait aussi dépassé les bornes de la discrétion et de la déférence, alors que vous êtes bien persuadé, combien j'admire, j'apprécie votre talent personnel, jusqu'à quel point je manie avec toute la réserve d'un honnête homme, les fonds alloués à mon département ; enfin comme j'accorde ma bienveillance et toute mon estime à mes bien-aimés collègues dans les limites du plus profond respect, avec toute la franchise, toute la loyauté qui me caractérisent.

C'est dans ces sentiments que je vous prie d'agréer, mon cher Collègue. mes cordiales salutations.

Pétion P. André.

---

*Port-au-Prince, le 15 décembre 1906.*

Mon cher Collègue,

J'ai l'honneur de vous accuser réception de votre importante dépêche de ce jour, au n° 51 de la comptabilité, dépêche dans laquelle vous établissez les attributions respectives des Ministres.

J'en prends bonne note.

Je me permettrai, toutefois, de vous affirmer que je ne veux régenter ni votre budget ni aucun budget. Il faut donc laisser dormir Colbert, Sully, Thiers, voire Necker que vous citez.

Venons au fait :

Vous avez émis une ordonnance de 30,000 gourdes pour la fête de l'Indépendance. J'ai immédiatement donné l'ordre de vous en compter le montant le plus vite possible. Vous avez déjà reçu 6,000 gourdes et avez dû en recevoir davantage, si ce n'est le tout, hier. Des ordres formels ont été passés à M. Pressoir. Est-ce ma faute si, par la nature même de nos fonctions, votre rôle est d'exiger, et le mien, vu notre état financier, de vous modérer ?

Pouvez-vous dire, au surplus, que vous êtes dans l'impossibilité, les 30,000 gourdes dans vos mains, de faire face aux nécessités des fêtes des 17 et 21 et d'effectuer vos expéditions en province ?

M. Presssoir attend pour vous donner des chèques.

Vous m'avez envoyé, il est vrai, après l'ordonnance, un reçu pour *dépenses extraordinaires à régulariser par un crédit à demander ultérieurement aux Chambres.*

Comment puis-je accepter un tel reçu, quand ce chapitre dans votre budget actuel est très loin d'être épuisé ! En votre qualité d'ancien législateur, personne ne peut vous apprendre que les crédits supplémentaires sont pour suppléer à l'insuffisance des fonds budgétaires. Or, vous avez des fonds au budget pour « Dépenses extraordinaires ».

Durant le temps que vous prendrez pour faire encaisser — si ce n'est déjà fait — les

30,000 gourdes, nous aurons l'occasion de nous voir au Conseil de mardi.

Très heureux de vous avoir donné le plaisir de faire votre dissertation (en conscience était-ce le cas, et seriez-vous — je vous le demande en toute estime et affection — un petit Machiavel rêvant de me mettre à dos mes autres collègues ?) je ne reste pas moins votre dévoué, très dévoué, malgré Colbert, Sully, Thiers et Necker

F. MARCELIN.

On sait le mal que le système des valeurs tirées sur reçus, à *régulariser par un crédit à demander ultérieurement aux Chambres,* fait dans notre administration financière. J'ai combattu toujours ce système avec acharnement. Je ne l'avais, certes, pas détruit. Cependant, je l'avais limité aux dépenses absolument extraordinaires, imprévues, exigeant sur l'heure une prompte solution. Mais avant tout ordre sur la Trésorerie, je réclamais toujours un vote du Conseil des secrétaires d'Etat. Et pas une valeur n'est jamais — je dis jamais — sortie de la caisse publique en l'absence de ce vote.

Cette façon de faire n'était pas sans provoquer souvent la mauvaise humeur des intéressés... Cela arriva notamment à l'occasion du tremblement de terre de Kingston. Le général Nord Alexis, aussitôt que le câble eut apporté la nouvelle de cet épouvantable désastre, déclara de son propre mouvement qu'il fallait aller immédiatement au secours de la malheureuse cité. Il ordonna de chauffer un navire de l'Etat qu'on chargerait instantanément de provisions de bouche, de médicaments, et qui apporterait en même temps une certaine somme d'argent à nos voisins si éprouvés. C'était là une noble, une belle idée. On pouvait l'attendre, au surplus, du Président de la République que le côté héroïque des choses séduisait souvent. Personne plus que moi n'applaudissait à la mesure, mais il fallait pourtant quelques minutes pour que le Conseil des secrétaires d'Etat m'autorisât à compter les valeurs nécessaires. Or, dans leur zèle charitable, ceux qui étaient chargés de faire, pour le compte de l'Etat, les achats de provisions au *bord de mer* s'impatientaient fébrilement. Ils criaient en chœur que l'*humanité* ne doit pas attendre. Enfin, le Conseil ayant décidé, la somme leur fut compteé. Et ils cessèrent alors de craindre que leurs commandes passassent à d'autres.

Voici ce mémorandum du Conseil des secrétaires de l'Etat. Il a tout de même sa valeur historique. Et j'espère que tout Haïtien, à quelque nuance politique qu'il appartienne, conviendra que le général Nord Alexis fut ce jour-là, et en cette occasion, le très digne représentant de la nation haïtienne :

SECRÉTARIAT
DES SECRÉTAIRES D'ÉTAT

*Port-au-Prince, le 17 janvier 1907.*

MEMORANDUM

Le Conseil des Secrétaires d'Etat, présidé par S. Exc. le Président d'Haïti, dans sa séance du 17 janvier 1907, décide : 1° qu'une somme

2

de cinq mille dollars ($ 5,000) sera envoyée par le Gouvernement d'Haïti aux sinistrés de Kingston (Jamaïque) : 2° mille dollars ($ 1,000) seront affectés à l'expédition de l'aviso de guerre *Nord-Alexis* ; 3° deux mille dollars ($ 2,000) resteront en réserve à bord du bateau et à justifier, et 4° dix mille gourdes (10,000 billets) seront consacrés aux achats des produits alimentaires et des médicaments.

Ces diverses valeurs ne seront dépassées et seront régularisées par un crédit supplémentaire à demander au Corps législatif par le département de l'intérieur.

*Le Secrétaire du Conseil,*
B. SÉVÈRE.

Peut-être pensera-t-on qu'il eût été plus pratique d'envoyer, sans déplacer aucun navire, 5 ou 10,000 dollars à Kingston, car c'est au moins à ce dernier chiffre en réalité que le mémorandum s'élève, mais le général Nord Alexis était très sensible à ceux qui lui disaient qu'il fallait montrer le pavillon national dans les eaux de Kingston à l'occasion de cette catastrophe.

Ceux qui ont passé par les affaires publiques savent combien il est difficile, en Haïti.

pour le ministre des finances, d'obtenir que
les paiements se fassent régulièrement sur
les ordonnances dressées. Non seulement
cet usage invétéré de payer sur reçus est
contraire aux lois et règlements, mais encore
il surcharge l'administration d'une pape-
rasserie inutile. Puisque les crédits législatifs sont là, quoi de plus simple que de demander un paiement sur ordonnance plutôt
que sur reçu ?

Il n'y aurait, à proprement dire, que les
crédits supplémentaires, extraordinaires et
de police du département de l'intérieur qui
auraient pu présenter pour l'acquittement
sur ordonnances quelque difficulté... Le
chiffre global, d'abord, en est toujours trop
considérable pour qu'on pût payer d'un
coup. Et, d'un autre côté, il n'est pas possible de donner trop d'avaloirs sur une ordonnance dressée, sous peine de favoriser bien
des erreurs. Ensuite, et surtout, ces crédits
supplémentaires embrassaient trop d'intérêts divers, avaient trop de titulaires récla-

mateurs : il devenait obligatoire au département de l'intérieur, en quelque sorte, de dresser pour chaque service à l'ayant droit une pièce spéciale. Cette pièce ne pouvait être que le reçu à régulariser ultérieurement sur l'ordonnance globale. Mais cette opération intérieure ne pouvait regarder le département des finances, lequel, cependant, devant l'impossibilité de faire autrement, était bien forcé de passer outre pour permettre au département de l'intérieur de se dépêtrer dans le maquis de ses crédits extraordinaires, supplémentaires et de police.

Comme je suis pour toutes les réformes qui peuvent amener un bien général, j'ose espérer qu'avec l'ère actuelle cette pratique séculaire a été répudiée et que la nation connaît, à un centime près, la destination des fonds extraordinaires et de police payés désormais sur ordonnances régulièrement dressées.

Hors cette exception, j'affirme que j'ai toujours exigé de tous mes collègues l'exé-

cution des lois et règlements pour les paiements à effectuer par leurs départements.
Voici, entre tant d'autres, une pièce à ce
sujet :

SECTION
DU CONTROLE DE LA BANQUE
—
N° 471

*Port-au-Prince, le 10 janvier 1907.*

Au Secrétaire d'Etat de l'intérieur.

Mon cher Collègue,

Voilà trois mois que je ne puis avoir de
votre département les ordonnances relatives
aux indemnités du Sénat, malgré mes deman-
des formelles et réitérées.

Je vous prie de noter que je ne puis continuer à payer sur reçus.

Si les membres du grand Corps se plaignent
du retard apporté à leur servir leurs indemnités, la faute n'en saurait être à moi, car je suis
prêt à payer sur ordonnances, comme l'exi-
gent les règlements.

Avec mes meilleures cordialités.

F. MARCELIN.

Il va sans dire que pour ce qui concerne

le département des finances, je n'y ai jamais toléré la moindre infraction aux lois et règlements. J'ai toujours considéré ce département comme devant donner l'exemple de la correction la plus absolue. Toute une volumineuse correspondance l'atteste. Et, à l'appui, les faits sont là pour corroborer ce que je soutiens ici. Je dois ajouter que, pour me seconder, j'ai toujours trouvé dans mes chefs de service le plus grand zèle et le dévouement le plus correct à la chose publique. Je parle, bien entendu, de la période qui s'est close jusqu'au 1er décembre 1908. Car même durant la quinzaine de l'insurrection des Cayes, tout s'est régulièrement passé, sous le rapport administratif, au département des finances. Après la chute du Gouvernement, on comprend sans peine que je ne puis rien garantir.

Je ne puis rien préjuger non plus. Il ne faut pas oublier, cependant, qu'on était en période révolutionnaire.

Le chapitre 4/1 (*Dépenses extraordinai-*

*res* du département des finances) a toujours, par son chiffre élévé, attiré l'attention des membres du Corps législatif et aussi de quelques fonctionnaires. Je me souviens que l'un de ces derniers, qui réclamait une indemnité de 100 gourdes en plus de ce qu'il recevait déjà, posait en ces termes la question au Président de la République : « Mais que fait le ministre de ses 80.000 gourdes de dépenses extraordinaires ? » Il n'était pas loin de croire que je les fourrais dans ma poche.

Je suis très aise de rencontrer dans mon dossier la lettre suivante pour me permettre de donner quelques renseignements à ce sujet :

N° 4

—

*Port-au-Prince, le 9 juillet* 1907.

Au Secrétaire d'État des finances
et du commerce.

Monsieur le Secrétaire d'État,

La Commission des finances du Sénat a l'honneur de vous adresser le présent message, pour vous demander de lui fournir, dans le plus bref délai, la liste des employés de votre département qui reçoivent des indemnités mensuelles, en dehors de leurs appointements.

Vous voudrez bien porter en regard de leurs noms le chiffre que chacun d'eux gagne comme indemnité.

Elle saisit cette occasion pour vous renouveler, Monsieur le Secrétaire d'Etat, l'assurance de sa haute considération.

*Le Président,*
C?????

Je répondis officiellement en envoyant l'état ci-après :

*ÉTAT des appointements et indemnités des fonctionnaires et employés des Départements des Finances et du Commerce et des bureaux qui en relèvent.*

### Finances.

| | APPOINTEMENTS | | INDEMNITÉS | | TOTAUX | |
|---|---|---|---|---|---|---|
| Secrét<sup>re</sup> d'Etat.. | 1.000 | » | 310 | » | 1.310 | » |
| Ch. Desravines | 125 | » | 275 | » | 400 | » |
| C. Liautaud... | 80 | » | 140 | » | 220 | » |
| A reporter..$ | | | 725 | » | | |

|  | APPOINTEMENTS | | INDEMNITÉS | | TOTAUX | |
|---|---|---|---|---|---|---|
| *Report* .....$ | | | 725 | » | | |
| C. Mentor..... | 20 | » | 10 | » | 30 | » |
| Albéric Elie... | 35 | » | 10 | » | 45 | » |
| Em. Wilson... | 25 | » | 10 | » | 35 | » |
| P. Lafontant... | 20 | » | 22 | » | 42 | » |
| Ed. Pélion..... | » | » | 100 | » | 100 | » |
| Stephen Paul.. | » | » | 50 | » | 50 | » |
| V. Gervais.... | 20 | » | 14 | » | 34 | » |
| A. Ligner..... | » | » | 25 | » | 25 | » |
| A. Saint-Victor | » | » | 60 | » | 60 | » |
| Ed. Férère...... | » | » | 60 | » | 60 | » |
| L. Rosemond.. | » | » | 25 | » | 25 | » |
| Alexis Blain... | » | » | 20 | » | 20 | » |
| F. Maignan.... | » | » | 30 | » | 30 | » |
| Voley jeune... | 45 | » | 15 | » | 60 | » |
| C. Joseph..... | » | » | 30 | » | 30 | » |
| Dieuveille - Désert ...... | » | » | 50 | » | 50 | » |
| Josaphat (Jos.). | » | » | 50 | » | 50 | » |
| Cl. Trasybule.. | 20 | » | 20 | » | 40 | » |
| Saintilis ...... | » | » | 20 | » | 20 | » |
| Théogene ..... | » | » | 30 | » | 30 | » |
| Marc. Lecorps. | » | » | 30 | » | 30 | » |
| *Petit Haïtien*... | » | » | 30 | » | 30 | » |
| Alph. Baptiste. | » | » | 15 | » | 15 | » |
| *A reporter*..$ | | | 1.451 | » | | |

*Report* .....$       1.451 »

## Paiement.

|  | APPOINTEMENTS | | INDEMNITÉS | | TOTAUX | |
|---|---|---|---|---|---|---|
| Em. Pasquet... | » | » | 215 | » | 215 | » |
| F. Léon........ | 35 | » | 50 | » | 85 | » |
| A. Saint-Aubin | 45 | » | 50 | » | 95 | » |
| Tallien Ars. Roux ....... | » | » | 45 | » | 45 | » |
| L. Zéphir...... | » | » | 30 | » | 30 | » |
| B. Hyson...... | 20 | » | 24 | » | 44 | » |

## Commerce.

|  | APPOINTEMENTS | | INDEMNITÉS | | TOTAUX | |
|---|---|---|---|---|---|---|
| D. Chancy..... | 125 | » | 275 | » | 400 | » |
| U. Boiselle.... | 80 | » | 140 | » | 220 | » |
| L. Ethéart..... | 45 | » | 43 | » | 88 | » |
| Em. Louis..... | 45 | » | 43 | » | 88 | » |
| H. Placide..... | » | » | 30 | » | 30 | » |
| Jos. Filsaimé.. | » | » | 30 | » | 30 | » |
| Laurenceau ... | » | » | 20 | » | 20 | » |
| C. Denizé...... | » | » | 16 | » | 16 | » |
| Brutus ....... | » | » | 11 | » | 11 | » |

## Contrôle Banque.

|  | APPOINTEMENTS | | INDEMNITÉS | | TOTAUX | |
|---|---|---|---|---|---|---|
| Th. Mathon.... | 125 | » | 205 | » | 330 | » |
| A. Guéry...... | 70 | » | 120 | » | 190 | » |
| D. Voley...... | 55 | » | 20 | » | 75 | » |
| A. Neff........ | 100 | » | 40 | » | 140 | » |
| C. Barbarousse | 70 | » | 65 | » | 135 | » |

*A reporter*..$       2.923 »

| | APPOINTEMENTS | | INDEMNITÉS | | TOTAUX | |
|---|---|---|---|---|---|---|
| *Report* .....$ | | | 2.923 | » | | |
| M.-S. Sanon... | 60 | » | 25 | » | 85 | » |
| J. Lallemand.. | 15 | » | 20 | » | 35 | » |
| A. Nelson..... | 35 | » | 25 | » | 60 | » |
| C. Avin....... | 20 | » | 20 | » | 40 | » |
| V. Augustin... | 55 | » | 39 | » | 94 | » |
| En. Chancy fils | 25 | » | 10 | » | 35 | » |
| P. Excellent... | 5 | » | » | » | 5 | » |
| St-A. Learbours | 25 | » | » | » | 25 | » |
| Victor fils..... | 20 | » | » | » | 20 | » |
| Desgrottes .... | 15 | » | 5 | » | 20 | » |
| Léon Paul..... | 50 | » | 5 | » | 55 | » |

## Contrôle Douanes.

| | APPOINTEMENTS | | INDEMNITÉS | | TOTAUX | |
|---|---|---|---|---|---|---|
| Granville ...... | 100 | » | 145 | » | 245 | » |
| Laurore Nau... | » | » | 200 | » | 200 | » |
| Démosthène fils | 80 | » | 15 | » | 95 | » |
| Boisette (Just.) | 80 | » | 15 | » | 95 | » |
| P.-M. Thrasybule | » | » | 70 | » | 70 | » |
| L. Moïse...... | » | » | 50 | » | 50 | » |
| Letellier ...... | » | » | 30 | » | 30 | » |
| Soudel ........ | » | » | 20 | » | 20 | » |
| L. Lamothe.... | » | » | 15 | » | 15 | » |
| St-Azor Mills.. | » | » | 15 | » | 15 | » |
| Em. Biamby... | » | » | 15 | » | 15 | » |
| S.-J. Michel... | 70 | » | » | » | 70 | » |
| C. Séjour...... | 70 | » | » | » | 70 | » |
| *A reporter*..$ | | | 3.662 | » | | |

| | APPOINTEMENTS | INDEMNITÉS | TOTAUX |
|---|---|---|---|
| Report .....$ | | 3.662 » | |
| Malval ........ | » » | 10 » | 10 » |

## Comptabilité générale.

| | APPOINTEMENTS | INDEMNITÉS | TOTAUX |
|---|---|---|---|
| E. Blanchard.. | 170 » | 160 » | 330 » |
| G.-P. Louis.... | 150 » | 25 » | 175 » |
| H. Lucas...... | 150 » | 25 » | 175 » |
| R. Basquiat.... | 120 » | 30 » | 150 » |
| H. Gaston..... | 120 » | 30 » | 150 » |
| A. Chauvel.... | 120 » | 30 » | 150 » |
| B. Chancy..... | 110 » | 20 » | 130 » |
| A. Carriès..... | 110 » | 20 » | 130 » |
| S. Guillaume.. | 110 » | 20 » | 130 » |
| Elie Landrin... | 105 » | 15 » | 120 » |
| C. Duverglas.. | 105 » | 15 » | 120 » |
| Vériquain .... | 15 » | 15 » | 30 » |
| Geneslé ...... | 15 » | 15 » | 30 » |
| L. Josaphat.... | 20 » | 30 » | 50 » |
| Maurice Louis. | 50 » | 45 » | 95 » |
| P. Moïse....... | 20 » | 30 » | 50 » |
| Bernier ....... | 5 » | 5 » | 10 » |

## Archives.

| | APPOINTEMENTS | INDEMNITÉS | TOTAUX |
|---|---|---|---|
| F. César....... | 60 » | 17 » | 77 » |
| F. Morel...... | 25 » | 19 » | 44 » |
| Valcin ........ | 15 » | 9 50 | 24 50 |

| | | | |
|---|---|---|---|
| A reporter..$ | | 4.247 50 | |

|  | APPOINTEMENTS | INDEMNITÉS | TOTAUX |
|---|---|---|---|
| *Report* .....$ |  | 4.247 50 |  |
| Faustin ....... | » » | 24 50 | 24 50 |
| L. Blain....... | » » | 10 » | 10 » |
| C. Lamy...... | » » | 10 » | 10 » |
| Félix Ducasse.. | » » | 10 » | 10 » |
| J. Blain....... | » » | 10 » | 10 » |
| Souffrant ..... | » » | 15 » | 15 » |
| Ch. Saint-Fleur | » » | 10 » | 10 » |

### Comptabilité Banque.

|  | APPOINTEMENTS | INDEMNITÉS | TOTAUX |
|---|---|---|---|
| St-Léger-Fortin. | » » | 200 » | 200 » |
| Eug. Déjoie.... | » » | 40 » | 40 » |
| Pascal Brice... | » » | 60 » | 60 » |
| A.-E. Paul..... | » » | 70 » | 70 » |
| J. Antoine..... | » » | 30 » | 30 » |
| Ed. Millet..... | » » | 20 » | 20 » |
| Ed. Laroche... | » » | 30 » | 30 » |
| G. Laroche.... | » » | 15 » | 15 » |
| M. Saint-Arromand ....... | » » | 15 » | 15 » |
| B. Saint-Arromand ....... | » » | 10 » | 10 » |

### Commissariat.

|  | APPOINTEMENTS | INDEMNITÉS | TOTAUX |
|---|---|---|---|
| Thomas Elie... | » » | 60 » | 60 » |
| Comptabilité Commissariat | » » | 120 » | 120 » |
| *A reporter*..$ |  | 5.007 » |  |

|  | APPOINTEMENTS | INDEMNITÉS | TOTAUX |
|---|---|---|---|
| *Report* .....$ |  | 5.007 » |  |
| Stéphen Dennis | 125 » | 20 » | 145 » |
| A. Roumain... | 250 » | » » | 250 » |
| L. Lafontant... | 25 » | 15 » | 40 » |
| L. Coicou...... | 70 » | 24 » | 94 » |
| Hoqueton ..... | 10 » | 15 » | 25 » |
| N. Marcelin... | » » | 100 » | 100 » |
| L. Raymond... | » » | 25 » | 25 » |
| D. Jean........ | 49 50 | » » | 49 50 |
| G. Doublette... | 54 45 | » » | 54 45 |
| L. Balin-Balan. | » » | 25 » | 25 » |
| S. Toussaint.... | » » | 25 » | 25 » |

### Douane.

|  | APPOINTEMENTS | INDEMNITÉS | TOTAUX |
|---|---|---|---|
| Jackson ....... | » » | 200 » | 200 » |
| M. Saint-Sort-Colin ....... | » » | 250 » | 250 » |
| Police douan... | » » | 315 » | 315 » |
| Souffront-Lahens ........ | » » | 150 » | 150 » |
| Alex. Bazelais. | » » | 20 » | 20 » |
| Maur. Prézeau. | » » | 10 » | 10 » |
| Guobel ........ | » » | 20 » | 20 » |
| Th. Poule...... | » » | 30 » | 30 » |
| Ed. Seïde...... | » » | 50 » | 50 » |

### Caisse d'amortissement.

|  | APPOINTEMENTS | INDEMNITÉS | TOTAUX |
|---|---|---|---|
| Laferrière ..... | 125 » | 50 » | 175 » |
| Ed. Galleau.... | 50 » | 25 » | 75 » |
| *A reporter*..$ |  | 6.376 » |  |

|  | APPOINTEMENTS | INDEMNITÉS | TOTAUX |
|---|---|---|---|
| Report .....$ |  | 6.376 » |  |

### Archives générales.

| Ch. de Delva... | 125 » | 20 » | 145 » |
|---|---|---|---|

### Administration.

| Admin. Elèves. | » » | 110 » | 110 » |
|---|---|---|---|
| Ch. des Comptes | » » | 10 » | 10 » |
| Bur. c. Timbre | » » | 60 » | 60 » |
| Bur. du Timbre | » » | 35 » | 35 » |
| Commissariat . | » » | 10 » | 10 » |
| Contrôle Banque ......... | » » | 10 » | 10 » |
| Mag. de l'Etat.. | » » | 60 » | 60 » |
| Plaisimé ...... | » » | 4 » | 4 » |
| Hoqueton, Ch. des Comptes. | » » | 4 » | 4 » |
| Hoqueton, Bur. c. Timbre... | » » | 4 » | 4 » |
| Hoqueton, Bur. c. Timbre... | » » | 4 » | 4 » |
| A. Cinéas..... | » » | 15 » | 15 » |
| L. Pétion...... | » » | 15 » | 15 » |
| Gervais (Fⁱᵉˢ).. | » » | 6 » | » » |
| Total.. | » » | 6.743 » | » » |

Ce chiffre de 6.743, certifié par le payeur des finances, mensuellement payé aux fonctionnaires et employés, donnait pour l'année un total de 80,916 gourdes.

On remarquera que les chiffres pour *appointements* de la comptabilité générale étaient augmentés. Cette augmentation provenait de ce que le Corps Législatif avait élevé de 820 à 1,510 le chiffre budgétaire du service spécial de la comptabilité générale. La différence, soit 690 gourdes, fut répartie, d'après une note fournie par le chef de la comptabilité, de la façon suivante entre lui et ses employés :

| | | |
|---|---|---|
| Emile Blanchard.... | 280 | 50 |
| G.-Pierre Louis..... | 125 | 50 |
| H. Lucas............ | 125 | 50 |
| R. Basquiat........ | 100 | 50 |
| A. Chauvet......... | 100 | 50 |
| H. Gaston.......... | 100 | 50 |
| A. Carriès......... | 50 | 50 |
| B. Chaney......... | 80 | 50 |
| Guillaume ........ | 80 | 50 |
| Ch. Duverglas...... | 70 | 50 |
| Landrin .......... | 70 | 50 |
| *A reporter*........ | | 550 |

| | | |
|---|---|---|
| *Report* ........... | | 550 |
| M. Louis........... | 45 | 50 |
| Moïse ............. | 30 | 20 |
| Josaphat .......... | 50 | 20 |
| Vériquain ........ | 15 | 15 |
| Génesté .......... | !5 | 5 |
| Bernier ........... | 5 | 5 |
| Volny ............. | » | 15 |
| Gourdes ......... | | 690 |

Voici trois dépêches qui démontrent combien ma vigilance était sans cesse en éveil dans mon propre service :

*Port-au-Prince, le 9 juillet 1907.*

A Monsieur Téligny Mathon, Chef du service du contrôle de la Banque Nationale au ministère des finances.

Monsieur le Chef de service,

Votre service est maintenant bien organisé par les différentes nominations qui viennent d'y être faites à la suite de la retraite de M. Février. Vous veillerez d'une façon sérieuse et très attentivement à la revision spéciale des ordonnances qui vous parviennent, en vous assurant si elles ont été émises suivant les prévisions budgétaires et appuyées des pièces justificatives exigées par la loi.

C'est M. Neff, le nouveau teneur de livres, qui est particulièrement chargé de ce soin.

Recommandez-lui d'avoir sans cesse présents à l'esprit les articles 32, 33, 34 de nos règlements sur la trésorerie : que, surtout, ils soient toujours observés.

Vous me ferez voir à mon arrivée au ministère les livres où, depuis sa nomination, les ordonnances sont enregistrées et où leur justification se suit conformément aux douzièmes.

Vous me ferez voir aussi personnellement M. Neff, à qui je désire réitérer de vive voix ces recommandations.

J'ai l'impression que ce travail doit pécher en quelque point. Est-ce dans le mélange des crédits budgétaires avec les crédits supplémentaires ? Ce serait malheureux, car le contrôle de la trésorerie doit être le régulateur de notre comptabilité.

Je crains aussi que cette façon des département d'ordonnancer en gourdes, quand les crédits sont en or ( pour les ministres, députés, sénateurs, etc.), ne produise quelque confusion dans les comptes généraux.

M. le chef de division du département des finances appelait mon attention hier là-dessus.

Je crois qu'il a peut-être raison. C'est un point à vérifier très sérieusement.

En résumé, et pour abréger, je fais appel au sentiment du devoir qui est chez vous, et au souci que vous avez que votre service de contrôle garde tout son renom, afin de répondre complètement à mon attente.

Veuillez agréer, Monsieur le Chef de service, les assurances de ma parfaite considération.

F. MARCELIN.

N° 1231

*Port-au-Prince, le 13 juillet 1907.*

Au Directeur général de la recette
et de la dépense.

Monsieur le Directeur,

Dans un état annexé au rapport que vient de m'expédier l'inspecteur Séjourné sur la situation de M. Lataillade, le directeur de la recette et de la dépense à Jérémie, figurent des sorties de fonds en faveur de divers fonctionnaires, sans aucun ordre de mon département.

Cette façon de faire constitue un véritable désordre.

Pour en prévenir le retour dans d'autres services de trésorerie, je vous enjoins de passer aujourd'hui même des instructions à tous les directeurs de la recette et de la dépense. Vous leur direz que seul le département des finances a le droit de tirer sur la caisse publique. Toute sortie de fonds faite sans un ordre émané du chef de ce département constitue un détournement des recettes de l'Etat passible, par conséquent, tant pour le fonctionnaire qui s'en sera rendu coupable que pour ceux qui en auront profité, de toutes les peines édictées par le Code pénal.

Veuillez agréer, Monsieur le Directeur, les assurances de ma considération distinguée.

F. MARCELIN.

---

*Port-au-Prince, le 18 septembre 1907.*

Aux Administrateurs des finances
de la République.

Monsieur l'Administrateur,

L'article 3 du règlement pour le service de la trésorerie dispose :

« Les crédits ouverts pour les dépenses d'un
« exercice ne peuvent être employés à l'ac-

« quittement des dépenses d'un autre exer-
« cice. »

Cet article, qui a force de loi (art. 10 de la
loi portant fixation des dépenses pour l'exercice 1907-1908), doit avoir son plein et entier
effet.

Il est bien entendu que les exercices ne
seront pas confondus. Ils doivent être détachés
l'un de l'autre. Ainsi, vous arrêterez les comptes de votre administration au 30 septembre
courant, vous exigerez le versement immédiat
de toutes les sommes dues au fisc. Ce règlement doit être complet au 31 décembre au plus
tard, de manière à permettre la liquidation des
dépenses appartenant à l'exercice en cours.

Le 1er octobre prochain, vous ouvrirez les
comptes de l'exercice 1907-1908. Votre contrôle
sur toutes les branches du service relevant de
votre circonscription financière continuera à
être exercé scrupuleusement. Je veux bien
penser que, par votre activité et votre énergie,
les deniers de l'Etat seront respectés et les
perceptions effectuées en temps voulu.

Veuillez agréer, Monsieur l'Administrateur,
les assurances de ma considération distinguée.

F. MARCELIN.

3.

### III

J'arrive aux allocations budgétaires et aux crédits supplémentaires de l'exercice 1907/1908.

On a vu que le rapporteur de la commission des comptes généraux, le député Pierre Paul, fit ressortir que ladite Commission, tout en donnant décharge aux citoyens Pauléus Sannon, Louis Borno, Laleau, Pierre André et V. Lecomte, « n'a pas pu proposer d'accorder décharge aux ministres qui ont géré la chose publique pendant le même exercice budgétaire parce qu'ils n'ont pas envoyé de pièces justificatives à la Chambre des Comptes ».

Me trouvant parmi ceux qui, selon le rapporteur de la Commission, n'ont pas envoyé leurs pièces justificatives à la Chambre des Comptes, on trouvera très naturel que j'élève la voix pour demander comment a-t-il pu se faire que le Département des Finances n'ait pas fait aboutir, à qui de droit, les comptes de cet exercice ?

On a pu voir, par ce qui précéde et par tant d'autres pièces publiées précédemment par moi, que je n'ai jamais méprisé les règles de notre comptabilité publique.

Je les ai toujours ponctuellement suivies, en dépit de maints déboires et du déplaisir de quelques personnages. Les pièces justificatives existent donc au Département des Finances. Elles existent plus que surabondamment. Pourquoi ne les a-t-on pas fait aboutir, comme la Constitution le prescrit impérativement, à la Chambre des Comptes? Les ministres, et même les chefs d'Etat, passent, on ne le sait que trop en Haïti. Mais l'administration, mais l'Etat reste. Etait-ce une raison parce que j'étais absent du pays — il y a de mes collègues déchargés qui étaient dans le même cas — pour le Département des Finances de fouler aux pieds la règle qui veut qu'en matière administrative il n'y a pas de solution de continuité ?

J'ai eu pour collaborateurs des hommes auxquels je me plais à rendre ici le plus éclatant hommage. Beaucoup étaient de mes amis, et le sont restés après ma chute. Tous m'ont toujours secondé avec le plus grand dévouement, avec la plus constante assiduité pour rétablir et maintenir l'ordre, la régularité dans notre administration. Ils ont voulu redonner au Département, et nous y avions réussi, la brillante renommée qu'il eut dans le passé. Les fonctions qu'ils y occupaient n'étaient pas des sinécures. Ils s'y attachaient de tout leur cœur, de tout leur souci de mériter le titre de bons serviteurs de l'Etat, de tout leur amour-propre aussi. Je cite avec bonheur les noms de ces concitoyens remarquables : Charles Devravines, David Chancy, Emile Blanchard, Cyrille Liautaud, Téligny Mathon, E. Pasquet, Saint-Léger Fortin, — et tant d'autres encore ! Le public se persuadera bien qu'il ne pouvait ne pas exister au Département des finances de pièces justificatives pour l'exercice 1907/1908.

Et alors, pourquoi ne les a-t-on pas fait parvenir à la Chambre des Comptes ?

La passion politique est de toutes nos passions la plus malfaisante et la plus vile. C'est par elle seulement jusqu'à ce jour que nous attestons que la vie ne s'est pas complètement retirée du corps social. Ce qui amène à se demander si c'est là vivre… Toutefois les chiffres, la comptabilité publique doivent faire exception à la condamnation sans appel dont il est d'usage d'accabler un adversaire politique. Je veux bien, en ce qui me concerne, qu'on dise que j'ai servi des gouvernements tyranniques, despotiques. Je veux bien qu'on croie que j'ai un faible pour ces régimes-là. Je veux bien que, outrageant la vérité, on me donne une part dans leur éclosion sous le soleil haïtien. — Je perdrais, en vérité, mon temps à démontrer que les véritables pères de ces

Saturnes. ceux qui les créèrent et mirent
au monde, sont les ambitieux qui crurent
se servir d'eux et qui furent, à leur tour,
dupés au bon moment ! — Mais je ne puis
admettre que, contrairement à la vérité, on
essaie de faire entendre que le Département
des Finances, sous ma gestion. n'avait ni
ordre, ni comptabilité. S'il n'y avait eu ni
ordre, ni comptabilité, le gouvernement de
Nord Alexis n'aurait pas pu durer, et ne
tomber en fin de compte que sous le poids
de ses fautes politiques.

Si on n'a pas envoyé les pièces justificatives à la Chambre des Comptes, ce n'est
pas que ces pièces n'existaient pas, c'est
qu'on n'a pas voulu les y envoyer.

Cependant, ce qu'il serait important de
savoir, c'est si la Chambre des Comptes a
vraiment déclaré n'avoir pas reçu les pièces
justificatives du Département des Finances.
Le rapporteur le dit bien. Mais je ne puis
vérifier son dire, n'ayant pas le rapport de
la Chambre des Comptes.

## IV

Les crédits supplémentaires étant deve-
nus, depuis plusieurs années. la règle dans
nos finances et non plus l'exception, il importe désormais qu'on ait un budget spécial
pour ces sortes de crédits. En ce moment
on se contente de les voter globalement à
chaque département. Il serait plus pru-
dent, tout comme pour les crédits ordinai-
res, d'avoir un budget où ils seraient dé-
terminés par section, par chapitres et pu-
bliés à la suite de l'exercice. Le bloc, au
grand profit de la clarté administrative,
se détacherait en tranches.

Sans doute, les comités des finances
demandent des états justificatifs pour
les sommes réclamées. Mais ces états ne
sont pas publics. Ils dorment dans les
archives des Chambres ou regagnent les
bureaux ministériels après une trop fugi-

tive apparition. Ils peuvent être augmentés (c'est toujours ce qui se produit), chan-
gés même de destination, soit avant, soit
après le vote, selon la fantaisie et l'intérêt
du moment. Ils sont à la discrétion des ministres et de quelques chefs de groupes
législatifs.

J'avais essayé, surtout pour les crédits
supplémentaires de 1907-1908, d'avoir un
budget spécial et de le faire publier au
*Moniteur*. On trouva généralement cette
prétention de ma part imprudente et inop-
portune. La raison d'Etat fut invoquée tant
du côté du Gouvernement que d'autre part...
Cependant, avec un budget pour les crédits supplémentaires, le contrôle du Département des Finances, prévu par les règlements en vigueur, aurait pu s'exercer très
efficacement, tandis que de la manière dont
les choses se passent ce contrôle peut être
aisément entravé.

J'ai cependant fait de mon mieux pour
lui garder, en toutes circonstances, sa va-

leur... Mais ce que j'affirme, c'est qu'au Département même la plus grande régularité, tant pour ces crédits que pour les budgétaires, a été toujours observée. Mes collaborateurs n'hésiteront pas, je suppose, à l'attester. Et le dernier de mes employés ne peut ignorer combien j'attachais de soins, de vigilance à l'observance absolue des règles, combien je m'inquiétais du moindre retard dans l'expédition des pièces administratives, du moindre accroc à la plus petite infraction de la comptabilité publique...

Assurément, je ne puis pas donner ici les états relatifs aux crédits supplémentaires de 1907-1908. Ce serait trop long, mais ces documents se trouvent dans les bureaux du Ministère des Finances. Ils justifient très exactement l'emploi de toutes les sommes qui ont été accordées au Département, avec à l'appui les noms et renseignements indispensables à leur entendement. Pas un centime n'a été dépensé en dehors de cette règle absolue.

On n'a donc qu'à se référer aux pièces comptables, qu'à se référer aux attestations de ceux qui, durant ma gestion, furent mes collaborateurs, pour se pénétrer que je fus toujours soucieux, comme l'intelligence la plus vulgaire le commande, d'observer nos lois et règlements.

---

# V

Voici quelques documents qui viennent à l'appui de ma thèse :

N° 3

—

*Port-au-Prince, le 1ᵉʳ octobre 1907.*

Au Directeur général de la recette
et de la dépense.

Monsieur le Directeur,

Les inspecteurs ou délégués des finances en tournée n'ont aucune qualité pour faire des tirages sur les fonds appartenant à l'Etat. Les directeurs des bureaux de la recette et de la dépense qui auront exécuté de tels ordres en deviendront personnellement responsables et ils seront dénoncés immédiatement à la justice.

Veuillez agréer, Monsieur le Directeur, les assurances de ma considération très distinguée.

F. MARCELIN.

N° 577

*Port-au-Prince, le* 17 *juin* 1908.

A Monsieur Emile Blanchard, Chef du service
de la comptabilité générale de la République.

Monsieur le chef de service,

La Chambre des comptes, dans son dernier
rapport, signale le non-ordonnancement des
recettes du bureau hydraulique.

Je m'explique difficilement que vous n'ayez
point signalé ce fait, quand, comme moi, vous
savez qu'aucun objet de recettes ou de dépenses ne sera omis dans les comptes généraux.
(Art. 164 de la Constitution, 5ᵉ alinéa.)

Veuillez agréer, Monsieur le chef de service,
les assurances de ma considération distinguée.

F. MARCELIN.

N° 320

*Port-au-Prince, le* 17 *juin* 1908.

A l'Administrateur des finances
de Port-au-Prince.

Monsieur l'Administrateur,

Je vous prie de me faire savoir le motif pour
lequel vous n'avez pas ordonnancé les recet-

les du bureau hydraulique pour l'exercice 1906-1907.

Je serai heureux de savoir en même temps si, d'octobre 1907 à ce jour, les encaissements effectués par le même bureau ont été ordonnancés en recettes.

En attendant que vous me fournissiez ces renseignements, je vous renouvelle, Monsieur l'Administrateur, les assurances de ma considération distinguée.

F. MARCELIN.

---

Vᵒ 575

—

*Port-au Prince, le 17 juin 1908.*

Au Directeur du Bureau hydraulique.

Monsieur le Directeur,

Je vous prie de me faire savoir le motif pour lequel aucune ordonnance n'a été dressée pour les encaissements des recettes effectuées par le Bureau hydraulique pour l'exercice 1906-1907.

Vous devez avoir en votre possession les recettes recouvrées durant cet exercice. Tâchez, dès réception de la présente dépêche, de m'en faire tenir le relevé.

Les encaissements opérés d'octobre 1907 à ce

jour ont-ils été déjà ordonnancés en recettes ?
J'attends de vous des explications précises à ce
sujet.

Veuillez, Monsieur le Directeur, agréer les
assurances de ma considération distinguée.

F. Marcelin.

---

*Port-au-Prince, le 17 juin 1908.*

Au Secrétaire d'Etat au département
des Travaux publics.

Mon cher Collègue,

Durant l'exercice 1906-1907. aucune ordonnance n'a été dressée pour l'encaissement des
recettes du bureau hydraulique de la capitale.
Ces recettes doivent être actuellement aux
mains du directeur de ce bureau.

Par dépêche en date de ce jour, je l'ai invité
à m'en faire tenir le relevé et j'en appelle à
votre autorité sur ce service pour que, désormais, toutes les recettes encaissées soient ver-
sées, chaque mois, au bureau de la recette et
de la dépense, les dépenses autorisées soient
ordonnancées et les ordonnances envoyées à
mon département pour être converties en
mandats de paiement.

Mes sincères cordialités. F. Marcelin.

*Port-au-Prince, le 9 septembre 1908.*

Au Directeur de la recette et de la dépense.

Monsieur le Directeur,

Le service de la trésorerie, grâce aux bonnes dispositions dont vous donnez la preuve chaque jour à mon département, s'effectue jusqu'ici avec une régularité que je ne puis m'empêcher de constater.

Placé directement sous votre contrôle, le bureau central de la recette et de la dépense ne laisse rien à désirer ; le bon ordre y est toujours observé. Mais il faut que les bureaux de la recette et de la dépense dans les autres localité de la République continuent à répondre également à notre attente. La comptabilité de ces bureaux ne doit pas vous échapper dans tous ses détails. Vous vous rendrez compte chaque jour des encaisses effectives et des dépôts faits aux maisons de commerce désignées à cette fin. Le moindre retard apporté à vous renseigner sur les valeurs perçues pour compte de l'Etat vous déterminera assurément à prendre immédiatement contre le directeur du bureau en faute toutes les mesures nécessaires.

Vous ne perdrez point de vue que, dans les moments actuels, les revenus publics diminuent sensiblement et qu'il est donc de toute urgence de veiller à leur perception intégrale et à la sauvegarde des intérêts de l'Etat.

Je compte tout particulièrement sur votre habileté, votre énergie et votre respect des lois et règlements en vigueur pour affirmer de plus en plus la bonne marche du service de la trésorerie. Je veux bien espérer que les bureaux de Port-au-Prince et ceux des autres chefs-lieux d'arrondissement financier continueront à répondre par une conduite irréprochable au but de leur création.

Veuillez, Monsieur le Directeur, agréer les assurances de ma considération distinguée.

F. MARCELIN.

---

*Port-au-Prince, le 5 octobre* 1908.

Au Secrétaire d'Etat du département
de la justice.

Mon cher Collègue,

Le *Moniteur* du 3 octobre porte un *errata* de votre département dans lequel vous rectifiez le chiffre de $ 1,190,572 voté par la loi du 21 août 1908, et rendu officiel par le *Moniteur* du 26 septembre 1908, conformément à l'article 81 de la Constitution.

Ce chiffre se trouve porté maintenant à $ 1,191,832.

De même vous rectifiez le chapitre Ier, section 6, du budget de la justice, qui, diminué selon vous de $ 5,000. se trouve porté actuellement à $ 9,000.

Je vous serai bien obligé, mon cher collègue, de me donner à ce sujet quelques explications, — puisque j'ai, en vertu de nos lois et règlements, la responsabilité de l'exécution du budget de la République — avant de demander au chef de l'Etat la contre-rectification formelle de cet *errata*.

Agréez, mon cher Collègue, mes sincères cordialités.

F. MARCELIN.

Enfin, voici une correspondance qui a trait plus spécialement à l'exercice 1907-1908 :

*Port-au-Prince, le 3 octobre 1908.*

Aux Administrateurs des finances
de la République.

Monsieur l'Administrateur,

La clôture définitive de l'exercice 1907-1908 devra avoir lieu à la date du 31 décembre de cette année, conformément aux dispositions formelles des articles 58, 59, 60 et 61 du règlement du 26 juillet 1881 établissant le service de la trésorerie.

Il est donc de votre devoir le plus strict, Monsieur l'Administrateur, de procéder régulièrement, en conformité des articles suscités combinés avec les articles 3, 23 et 29, deuxième paragraphe du même règlement, à la clôture définitive des comptes de l'exercice 1907-1908, à la date invariable du 31 décembre 1908.

Toutes ordonnances de dépenses qui seraient émises en dehors de nos lois de finance et de nos règlements d'administration publique mettraient en jeu votre responsabilité personnelle.

Ici est pour moi l'occasion de vous mettre sous les yeux le texte du premier paragraphe de l'article 40 de la Constitution :

« Art. 40. — La responsabilité individuelle « est formellement attachée à toutes les fonc- « tions publiques... »

Vous êtes donc tenu pour avisé, Monsieur l'Administrateur, que je n'hésiterai pas à employer tous les moyens que mettent les lois à ma disposition pour faire respecter le budget de l'Etat, dont je suis responsable de l'exécution.

Vous devez avoir une juste idée de la situation du Secrétaire d'Etat des finances en présence des termes précis et catégoriques du troisième paragraphe de l'article 154 de la Constitution, ainsi conçu :

« Art. 154. — Le Secrétaire d'Etat des finan-
« ces est tenu, sous sa responsabilité formelle,
« de ne servir chaque mois, à chaque départe-
« ment ministériel, que le douzième des
« valeurs votées dans son budget, à moins
« d'une décision du Conseil des Secrétaires
« d'Etat. »

Et de l'article 32 du règlement pour le service de la trésorerie fixant, conformément au texte précité, les dépenses du service public :

« Art. 32. — Le Secrétaire d'Etat des finan-
« ces ne peut, sous sa responsabilité, autori-
« ser le paiement excédant les crédits législa-
« tifs et mensuls ouverts à chaque ministère. »

Si, à côté de ces dispositions constitutionnelles et légales, vous placez le contrôle suivi et rigoureux du Pouvoir législatif, jaloux de respecter et de faire respecter les lois de l'Etat, vous admettrez, Monsieur l'Administrateur, avec moi, la nécessité qu'il y a pour le Pouvoir exécutif, se reposant sur la bonne foi et le patriotisme des fonctionnaires sous vos ordres, d'observer et de faire observer fidèlement les crédits qui lui sont alloués par le budget de la République.

J'attire en outre votre attention sur les mesures légales que vous devez prendre pour que, au 31 décembre prochain, toutes les recettes de l'exercice soient totalement recouvrées.

Le Gouvernement tenant à répondre à tous ses engagements, il est absolument nécessaire que la perception de l'impôt soit nette et intégrale.

Il vous incombe donc, Monsieur l'Administrateur, de ne rien négliger pour que, à la date définitive de la clôture de l'exercice, l'Etat soit en possession de tous ses revenus de l'année en cours : le compte de débiteurs de l'Etat doit disparaître de notre comptabilité publique.

Comme conséquence de tout ce qui vous est rappelé par la présente, vous expédierez la comptabilité du mois de septembre comme le prescrit la loi.

Vous ferez une comptabilité à part pour ce qui a trait au compte de liquidation de l'exercice 1907-1908, sous la rubrique « Supplément à la comptabilité de septembre 1908 ».

Ce compte, accompagné de tous les documents justificatifs exigés par la comptabilité de chaque mois, me sera expédié dès le 15 janvier 1909 et comprendra :

1° Toutes les recettes en cours non ordonnancées et non recouvrées le 30 septembre dernier ;

2° Toutes les dépenses non ordonnancées et non acquittées à la même date appartenant au même exercice.

J'espère, Monsieur l'Administrateur, que ma tâche sera facile, en raison du concours empressé et patriotique que vous m'aurez donné non seulement pour la liquidation complète des opérations de l'année 1907-1908, mais encore pour la stricte exécution du budget 1908-1909.

Veuillez, Monsieur l'Administrateur, m'accuser réception de la présente et agréer les assurances de ma considération très distinguée.

F. MARCELIN.

---

*Port-au-Prince, le 3 octobre 1908.*

Au Directeur général de la recette
et de la dépense.

Monsieur le Directeur,

L'article 3 des règlements pour le service de la trésorerie s'exprime ainsi :

« Art. 3. — Les crédits ouverts pour les

4.

« dépenses de l'exercice ne peuvent être
« employés à l'acquittement d'un autre exer-
« cice. »

Cet article est formel. J'entends qu'il ne soit
pas enfreint, et cela, non seulement parce que
c'est la loi, mais encore dans l'intérêt supérieur
de la bonne marche du service public.

Il n'est pas besoin de vous rappeler que la
comptabilité des deux exercices 1907-1908 et
1908-1909 doit être absolument séparée.

D'après la loi, un crédit extraordinaire de
$ 1,400.000 est ouvert à l'exercice 1908-1909.
Aussitôt que le gouvernement aura exécuté la
frappe de nickel de $ 2 millions, je vous don-
nerai les $ 1,400.000 qui reviennent à 1908-
1909.

Pour 1907-1908, il ne reste un solde en sa
faveur que de $ 600,000.

En effet, des $ 2,400.000 (émission de $ 2 millions en billets de 5 gourdes et frappe de
400.000 gourdes en pièces de nickel de 50 cen-
times) il faut distraire les $ 500.000 accordées
aux sinistrés de Port-au-Prince. D'où balance
de $ 1,900.000 à laquelle, s'il est ajouté les
$ 600.000 de nickel à distraire de la prochaine
frappe de $ 2 millions, sera porté le total de
$ 2,500.000, crédit extraordinaire à encaisser
en faveur de l'exercice 1907-1908.

Vous aurez à ouvrir un compte « Avances à l'exercice 1907-1908 ». Vous débiterez ce compte de toutes les valeurs que vous aurez à lui avancer, et, réciproquement, le créditerez de celles qui seraient à la charge de l'exercice 1908-1909. Il doit en être ainsi, puisque fatalement ce sont les rentrées de 1908-1909 qui paieront le mois de septembre écoulé, comme se sont celles de 1907-1908 qui ont acquitté les solde, ration, etc., du mois d'octobre, payées par anticipation dès le mois de septembre.

Mais, et cela sous votre responsabilité personnelle, et en vertu du premier alinéa de l'article 40 de la Constitution :

« Art. 40. — La responsabilité individuelle « est formellement attachée à toutes les fonc- « tions publiques... »

Vous aurez à suspendre toutes avances à l'exercice 1907-1908, du jour que le compte balancé aura établi un débit en faveur de 1908-1909 de $ 600,000.

Ces $ 600,000 forment, je le répète, le solde disponible dont peut disposer l'exercice 1907-1908, à prendre sur la prochaine frappe de $ 2 millions de nickel.

Je vous envoie, sous ce pli, copie de la circulaire que j'adresse aux administrateurs des finances pour hâter le recouvrement des valeurs revenant à 1907-1908.

Vous avez vu au *Moniteur* le chiffre des crédits supplémentaires. Nous devons évidemment faire de notre mieux pour l'acquittement de toutes les valeurs votées : mais ce serait non seulement violer l'article 2 des règlements pour le service de la trésorerie, mais encore manquer à la prudence la plus élémentaire si les fonds de l'exercice 1908-1909 étaient pris pour acquitter les dépenses de l'exercice 1907-1908. Le service public pourrait en être gravement compromis.

C'est à vous de veiller et d'arrêter les paiements sur votre caisse, en attendant que les recettes recouvrées de 1907-1908 permettent l'acquittement des mandats de paiement y relatifs au fur et à mesure des rentrées.

Je compte sur votre dévouement à la chose publique, sur la stricte exécution de la loi et de mes instructions.

Veuillez agréer, Monsieur le Directeur, les assurances de ma considération très distinguée.

F. MARCELIN.

*Port-au-Prince, le 9 octobre 1908.*

Au Directeur général de la recette
et de la dépense, Port-au-Prince.

Monsieur le Directeur,

J'ai donné ma meilleure attention à vos
lignes du 8 octobre courant, au n° 2006.

La séparation des exercices 1907-1908 et 1908-
1909 s'impose pour le bon ordre de la comptabilité de la trésorerie. Autrement, il s'y établi-
rait une confusion regrettable.

Il demeure bien entendu que des $ 2 mil-
lions de nickel $ 600,000 appartiennent à l'exer-
cice 1907-1908. Vous êtes donc autorisé, au
moyen des fonds de l'exercice en cours, à faire
une avance de cette dernière valeur à l'exercice
périmé, et le remboursement en sera fait dès
que sera effectuée la frappe.

Pour ce qui est des dépenses en or, et en
attendant la liquidation complète de l'exercice
1907-1908, une avance pourra également être
faite à cet exercice.

En procédant comme il est indiqué ci-des-
sus, vous serez à même d'exécuter les ordres
de mon département, qui ne doivent être don-
nés que dans les limites des crédits alloués par
le Corps législatif, sans que je sois obligé de

les restreindre sur une simple observation de
votre part.

Veuillez, Monsieur le Directeur, agréer les
assurances de ma considération distinguée.

F. MARCELIN.

---

*Port-au-Prince, le 14 octobre 1908.*

Aux Administrateurs des finances
de la République.

Monsieur l'Administrateur,

Ainsi que je ne cesse de le faire depuis que
S. Exc. le Président de la République m'a fait
l'honneur de me confier la direction du département des finances, j'attire une nouvelle fois
toute votre attention sur les prescriptions des
articles 23, 24 et 25 des règlements sur le service de la trésorerie, ainsi conçus :

« Art. 23. — Aux termes des lois antérieures,
« aucune sortie de fonds pour dépenses
« publiques ne pourra être effectuée qu'au
« préalable ait été dressée par l'administra-
« teur des finances, sous sa responsabilité per-
« sonnelle, l'ordonnance de dépense appuyée
« de pièces justificatives qui constatent que

« ladite ordonnance a pour effet d'acquitter
« une dette de l'Etat régulièrement justifiée.

« Les dépenses devant se renfermer dans la
« limite de la distribution mensuelle des fonds
« dont il sera parlé plus bas, les administra-
« teurs ne pourront dresser d'ordonnance au-
« delà des crédits mensuellement disponibles
« en vertu de l'arrêté de distribution.

« Dans le cas où la limite de ces crédits
« serait atteinte, comme dans celui où il y
« aurait absence de pièces justificatives, l'ordre
« du Secrétaire d'Etat ne couvrirait pas l'admi-
« nistrateur principal des finances.

« Art. 24. — Toute ordonnance énonce l'an-
« née administrative et le crédit, ainsi que le
« chapitre et la section du budget auxquels la
« dépense s'applique : elle porte la date du jour
« de sa signature par l'administrateur princi-
« pal des finances.

« Art. 25. — Les ordonnances de paiement
« doivent désigner le titulaire de la créance
« par son nom et au besoin par ses prénoms,
« si sa qualité, qui doit être aussi énoncée, ne
« suffit pas pour établir l'identité. Les som-
« mes, en chiffres, inscrites dans le corps
« d'une ordonnance, ainsi que toutes pièces à
« l'appui, doivent être énoncées en toutes let-
« tres dans le libellé de l'ordonnateur. »

Rigoureusement appliquées. ces dispositions de la loi auraient le double effet de mettre de l'ordre et de la régularité dans l'administration et de rendre facile la tâche qui vous est dévolue.

Vous avez autant d'intérêt que moi dans leur application, « l'ordre du Secrétaire d'Etat ne couvrant pas l'administrateur des finances, dans le cas où la limite de ces crédits serait atteinte, comme dans celui où il y aurait absence de pièces justificatives ».

Veuillez agréer, Monsieur l'Administrateur, les assurances de ma considération distinguée.

F. MARCELIN.

---

N° 21

*Port-au-Prince, le 17 octobre 1908.*

Au Directeur général de la recette
et de la dépense.

Monsieur le Directeur,

Votre lettre du 15 octobre courant a eu ma meilleure attention. Je ne manquerai pas d'en donner lecture au Conseil des Secrétaires d'Etat. dans sa prochaine réunion. persuadé

que, dans l'intérêt public, il y donnera toute
son adhésion.

Les appointements, solde et ration de l'armée, frais de police, devront tout d'abord être
acquittés, chaque mois, et le surplus des recettes pourra, dans ce cas seulement, être
employé aux autres dépenses que, selon les
ordres de mon département, vous êtes autorisé
à payer.

Je suis absolument d'accord avec vous sur
cette mesure, que commande notre situation
économique. Il ne faut pas que des services
aussi importants soient laissés en souffrance.
Leur paiement régulier continuera à en assurer le meilleur fonctionnement.

Les pièces comptables de l'exercice 1907-
1908, dressées en vertu des crédits législatifs,
ne seront désormais acquittées qu'au fur et à
mesure des encaissements des fonds appartenant à cet exercice.

Il demeure bien entendu, ainsi que je me
rappelle vous l'avoir dit dans une de mes précédentes dépêches, que la séparation des deux
exercices doit être scrupuleusement observée.

Veuillez agréer, Monsieur le Directeur, les
assurances de ma considération distinguée.

F. MARCELIN.

N° 41

*Port-au-Prince, le 7 novembre 1908.*

A Monsieur Téligny-Mathon, Chef de service
du contrôle de la Banque Nationale d'Haïti
au ministère des finances.

Monsieur le Chef de service,

Je vous réitère les instructions que je vous
ai données relativement aux douzièmes budgétaires des différents départements ministériels,
dont vous deviendrez personnellement responsable en cas de dépassement. Vous devez donc
exercer le contrôle le plus effectif sur les états
de douzièmes qui vous sont présentés.

Je désire avoir le chiffre déjà tiré par le
département de l'intérieur pour le mois d'octobre expiré (chap. VIII, sect. 2), afin de me
rendre compte si le douzième n'est pas
dépassé. Vous voudrez bien me le fournir par
lettre, dès réception de la présente dépêche.

Comme j'entends rester dans les valeurs
allouées à chaque douzième, vous ne soumet-
trez désormais, à ma signature des reçus pour
le département de l'intérieur que si, bien
entendu, leur montant se trouve déjà porté
dans le douzième budgétaire permettant de les
régulariser immédiatement.

Il doit en être de même pour tous les paiements sur reçus à faire, par exception, pour compte des autres départements.

Veuillez agréer, Monsieur le Chef de service, les assurances de ma parfaite considération.

F. MARCELIN.

Ces documents suffiront, je l'espère, à convaincre le Corps Législatif que la raison invoquée pour ne pas me donner décharge comme à mes autres collègues, à savoir : *Qu'il n'a pas été envoyé de pièces justificatives à la Chambre des Comptes* — que cette raison, par rapport à l'existence même de ces pièces, ne peut soutenir un examen sérieux et de bonne foi.

Les pièces existent indubitablement. Si donc elles n'ont pas passé sous les yeux du Corps Législatif, la faute gît en des motifs peu louables, et au-dessus desquels, en tout cas, une grande Assemblée politique doit s'élever...

## VI

Le rapport de la Commission des comptes généraux sur l'exercice 1907-1908 s'exprime ainsi :

### RAPPORT A LA CHAMBRE DES DÉPUTÉS

Messieurs les Députés,

La Commission des « Comptes généraux » a l'honneur de vous soumettre le résultat de ses travaux. Elle ne croit pas inutile de vous faire observer, tout d'abord, combien pénible a été sa tâche, obligée de bâtir son rapport sur les documents de la Chambre des comptes, qui, malheureusement, n'ont guère permis à vos commissaires de bien contrôler les comptes de la République. Car, à bien considérer ces documents, les membres de la Chambre des comptes ont borné l'accomplissement de leur devoir à la simple reproduction des pièces des différents départements ministériels.

Si, par hasard, quelques observations attirent l'attention sur une irrégularité mollement reprochée à une branche de l'administration publique, l'on ne tarde pas néanmoins à remarquer que ces observations sont comme des formules adoptées par les contrôleurs qui siègent à la Chambre des comptes. Elles se rencontrent, en effet, depuis quelque quatre ans, dans chaque rapport de cette institution à la Chambre des Députés. Aucun examen minutieux, aucune investigation n'ont mis ces fonctionnaires à même de permettre à vos commissaires de vous dire comment se sont effectuées les frappes ou émissions de nickel et de papier-monnaie qui avaient été autorisées durant l'exercice 1907-1908, comment s'est opéré le règlement de certaines condamnations pécuniaires du procès de la consolidation.

Vos commissaires ont été, plus d'une fois, obligés de s'adresser aux Secrétaires d'Etat aux différents départements ministériels pour avoir des renseignements capables de les éclairer dans l'accomplissement de leur tâche. Aussi s'empressent-ils de vous dire que la loi sur la trésorerie a été, dans bien des cas, violée durant l'exercice sur lequel ils rapportent aujourd'hui.

Chose grave à noter, le département de la guerre n'a point soumis ses comptes à la Chambre des comptes. C'est une observation que déjà nous avons enregistrée l'an dernier, à la honte de ce département.

Les différentes branches des administrations ci-dessous désignées n'ont jamais ordonnancé leurs recettes, encore qu'il leur en soit fait obligation :

Forges et chantiers de Bizoton,
Services hydrauliques,
Télégraphe terrestre.

Vos commissaires désirant que le pays sache comment ses intérêts ont été administrés durant l'exercice 1907-1908, expriment le vœu d'avoir, au cours de la prochaine session, les communications du Ministre des finances sur les différentes commissions formées par le gouvernement pour investiguer sur certaines branches du service public. Les rapports de ces commissions sur le service de la recette et de la dépense, sur les timbres et papier timbré, sur les timbres-poste, etc., intéresseront à juste titre les mandataires de la nation.

Néanmoins, la commission des comptes généraux vous propose, — puisque leur administration n'a en rien péché contre les lois et la Constitution, — de donner décharge aux citoyens qui ont dirigé, durant l'exercice 1907-1908, les départements de l'instruction publique et de la justice, des relations extérieures et des cultes, de l'intérieur et de la police générale.

En émettant le vœu, — vu le chaos qui existe

— qu'une comptabilité uniforme en partie double et à la portée de tous, soit adoptée pour toutes les administrations financières de la République, vos commissaires vous renouvellent, Messieurs les Députés, etc., etc.

*Le 27 août 1909.*

Ce rapport, s'il est sévère pour les départements mis en cause, l'est davantage pour la Chambre des Comptes. Cependant on remarquera qu'il se contente, en général, de condamner sans préciser les motifs de la condamnation sans appel qu'il prononce. Et on ne peut échapper, après sa lecture, à l'impression très nette que la Commission est surprise de n'avoir pas trouvé dans la Chambre des Comptes l'instrument sur lequel elle se serait appuyée pour justifier ses accusations. Faute de cet instrument, son rapporteur est forcé, sans preuves et sans motifs valables, de faire de l'indignation patriotique et de l'éloquence civique, ce qui est la pire des méthodes en matière de chiffres.

C'est assez la coutume dans notre pays, on ne le sait que trop. On ne voit pas souvent une administration nouvelle rendre strictement justice à sa devancière. On ne voit pas des adversaires politiques juger ceux qu'ils ont vaincus autrement qu'avec passion et rancune. Les faits deviennent alors inexistants. En tout cas, il faut qu'ils se plient devant la déraison du moment. Car enfin comment comprendre que la Chambre des Comptes, gardienne des intérêts de la Nation, les trahisse au point de ne pas donner les armes qu'on devait, en tout civisme et patriotisme, attendre d'elle pour écraser les vaincus de la veille ?

Et si cependant elle n'a rien trouvé de répréhensible, comment pouvait-elle les donner, ces armes ?

Qu'importe ! Elle doit les forger en bonne patriote.

Je n'ai pas lu le rapport de la Chambre des Comptes, n'ayant pas pu me le procurer. Mais pense-t-on qu'elle aurait ainsi négligé

de le signaler si elle avait trouvé l'administration financière  en  1907-1908 de Nord
Alexis dans le désarroi qu'on se plaît à dire ?
Cette Chambre des  Comptes, naguère, n'a-
vait pas eu à se louer de certains procédés
employés vis-à-vis d'elle. Ne pouvait-on pas
penser, selon la tradition, qu'elle s'en sou-
viendrait plutôt dans la rigidité de son devoir actuel ?

Je soutiens, en ma qualité de ministre
des finances de ce Gouvernement, que, durant ces trois ans et demi, c'est plutôt
l'ordre, la régularité que j'ai essayé de faire
prédominer,  et  qu'effectivement j'ai fait
prédominer dans l'administration publique.
Cette volonté chez moi, durant toute cette
période, est manifeste. Combien de ministres avant, et très certainement après,
non seulement n'eurent jamais un tel souci,
mais n'auront pour mot d'ordre, pour
boussole politique, que le désordre et l'anar-
chie administrative !

Je reviens encore à ce que je disais : le

rapport de la Chambre des Comptes n'est donc pas défavorable à la gestion ministérielle de 1908-1908. C'est un rapport d'administration, basé sur les faits, et qui, au regard du passé et de l'avenir, hélas! paraît équitable. Celui fait par la commission des comptes généraux à la Chambre des Députés, dans sa forme réquisitoriale contre la Chambre des Comptes, semble revêtir plutôt un cachet politique. Cela ressort pleinement de leurs conclusions si diamétralement opposées.

## VII

Le rapport à la Chambre des Députés dit : « Aucun examen minutieux, aucune investigation n'ont mis ces fonctionnaires (les membres de la Chambre des Comptes) à même de permettre à vos commissaires de vous dire comment se sont effectuées les frappes ou émissions de nickel et de papier monnaie qui avaient été autorisées durant l'exercice 1907-1908, comment s'est géré le règlement de certaines condamnation pécuniaires du procès de la consolidation. »

Cela me paraît bien étonnant. Je ne puis comprendre, en tout cas, que cela ait pu se produire, car, émissions de billets de 5, frappes de nickel, règlement des condamnations pécuniaires du procès de la consolidation, ont été toujours minutieusement ordonnancées en recettes et portées au crédit public. Ces ressources extraordinaires avaient été accordées au Trésor en vertu de lois. Elles ont servi à acquitter les dépenses de l'Etat dans leur intégralité. On peut suivre exactement, pas à pas, leur filière, on peut les contrôler à leur arrivée dans le pays après la fabrication à l'étranger, enfin on peut certifier que, toutes, elles ont régulièrement abouti à la Trésorerie Générale. Alors comment s'expliquer que le rapport à la Chambre des Députés ait avancé qu'il n'a pu être fait aucune investigation sérieuse pour savoir comment les frappes et émissions se sont effectuées et comment s'est opéré le règlement de certaines condamnations pécuniaires du procès de la consolidation ?

Mais, il me semble que la Commission n'avait qu'à consulter *Le Moniteur* de l'époque. Elle aurait trouvé :

1° Pour les billets de 5, procès-verbal officiel de l'entrée de ces billets à la douane, stipulant le nombre des colis. marques, désignations et leur expédition à la Recette générale, sous le contrôle du Directeur général.

2° Pour le nickel, procès-verbal officiel de la réception des envois, colis par colis, marques, désignations, et leur entrée à la Recette Générale.

Il est vrai que pour les 2,000,000 de 1907-1908, je ne puis rien dire, car je n'étais plus ministre. Mais je suppose que l'on a dû procéder au moins avec les mêmes précautions que je prenais, la même publicité dont je m'entourais. Il n'est pas présumable que le Gouvernement actuel n'ait pas observé ces prescriptions élémentaires. En tous cas de ces deux millions-là je ne suis nullement comptable. Ils sont arrivés après la chute de Nord Alexis, et son Gouvernement, qui les a laissés en don de joyeux avènement à son successeur, avait payé déjà la moitié de leur fabrication, soit *20,000 dollars* environ.

Je répète que l'on trouvera toutes ces

pièces officielles au *Moniteur* de la République. Le rapport n'avait qu'à les y prendre. On les y trouvera depuis le contrat passé sous la surveillance de notre légation à Washington, entre la *Scovil* ou l'*Américan Bank-Note* et notre consul général à New-York, jusqu'à la réception du dernier colis. Rien n'a été laissé dans l'ombre, contrat, réception, frêt payé à la Compagnie, etc., etc.

Et je défie qu'on trouve opérations plus correctes.

Comment donc soutenir qu'on ne sait pas comment se sont effectuées les frappes ou émissions de nickel et de papier-monnaie ?...

Voudrait-on croire que ces frappes et émissions ont pu avoir un autre emploi que celui du service de l'Etat ? Il est plus que facile de s'en assurer. La plus élémentaire bonne foi ou le savoir le plus vulgaire peut très aisément, en repassant les livres du département des finances et ceux de la Tré-

sorerie, se convaincre que toutes ces valeurs ont abouti à la Recette Générale.
Toutes ont servi à l'acquittement de services dus, de services votés par le Corps
Législatif. Toutes, régulièrement ordonnancées en recettes, ont acquitté des services
publics, des services reconnus par des lois
budgétaires et des nécessités publiques.
Que l'on critique, si l'on veut, l'emploi des
fonds, que l'on affirme qu'ils ont été dépen-
sés sans profit pour le bien de la Nation, cela
est une autre affaire et n'engage nullement
ma responsabilité en tant que comptable
des deniers publics. Le vote législatif en
vertu duquel ces dépenses ont été effectuées ne relève pas de ma compétence.

3° En ce qui concerne le règlement des
condamnations pécuniaires du procès de
la consolidation, on me permettra de divi-
ser cette question en deux parties : d'a-
bord le règlement même des condamnations, ensuite la perception résultant de ce
règlement.

Dans le premier cas, c'est le Conseil des secrétaires d'Etat qui a toujours décidé sur les propositions de transactions faites par les condamnés. Cela n'a jamais regardé le ministre des finances. Cependant le Conseil n'a jamais décidé sans en référer au préalable à la Commission de liquidation, et je crois que c'est son avis qui a toujours prévalu. En tout cas, les documents relatifs à ces transactions ont toujours figuré au *Moniteur* : la Commission et le Département de la justice étaient trop soucieux de la plus grande clarté pour qu'il en fût autrement.

Je dis que tous ces documents figurent au *Moniteur*, ou existent dans les archives de la Commission de liquidation..... En voici un assez important. Bien qu'il ne re-regarde pas la perception intrinsèque des valeurs du procès de la consolidation, je profite de l'occasion pour l'intercaler ici, surtout afin de marquer tout mon regret de n'avoir pas fait moi-même le travail dont il fait mention :

*Port-au-Prince, le* 19 *septembre* 1908.

A la Commission de liquidation
du procès de la Consolidation.

Messieurs,

Le département des finances, appréciant les services incontestables que vous avez rendus au pays dans l'accomplissement de la tâche qui vous est confiée, est heureux de vous adresser des félicitations justement méritées.

Les règlements effectués avec les condamnés du procès de la Consolidation n'ont rien laissé à désirer. Vous y avez mis tout le tact voulu, qui justifie une fois de plus les sentiments de patriotisme dont vous êtes animés.

Il est, à mon avis, absolument nécessaire que le résumé de ces règlements soit publié en même temps que le relevé des titres frauduleux livrés aux flammes, afin que la nation puisse se rendre compte de toutes les valeurs généralement quelconques remboursées de ce chef à la Caisse publique. Ce relevé comprendra également le montant de la Dette intérieure au 15 septembre 1903 et le montant de cette Dette au 15 septembre 1908.

Ce sera avec empressement que mon département recevra de vous ces documents pour être insérés en encre grasse dans le prochain numéro du *Journal officiel.*

En attendant, je vous prie d'agréer, Messieurs, les assurances de ma considération distingue.

F. Marcelin.

Mais ce **résumé** des règlements n'avait pour but que de frapper l'opinion publique. Ce n'était pas au point de vue de la comptabilité publique que je le réclamais, car, je le répète à nouveau, chaque fois qu'un règlement s'opérait, il était publié au *Moniteur*. C'était pour que le pays pût constater, en bloc, de combien le gouvernement de Nord Alexis avait réduit la Dette Publique.

Dans le second **cas**, en ce qui a trait à la perception résultant des règlements, ma responsabilité tout en étant entière, est absolument à l'abri du plus léger reproche. Car il ne suffit pas de dire, il faut prouver. Or, toutes les valeurs ont abouti régulièrement à la Recette Générale, des ordonnances en recettes ont été dressées, et toutes elles ont servi aux dépenses de l'Etat. Que ces dépenses aient été critiquables ou

non, ce n'est pas mon affaire, et je n'ai
rien à y voir. C'étaient des dépenses publiques régulièrement votées et auxquelles
j'étais tenu de satisfaire.

Les valeurs perçues du procès de la consolidation, avaient été affectées par un vote
du Corps Législatif aux dépenses publiques.
Les ai-je consacrées à ce service ? Il n'est pas
possible de prétendre le contraire, car après
chaque règlement fait par le Gouvernement,
d'accord avec la Commission de liquidation, le produit publiquement a abouti à
la Trésorerie Nationale, et publiquement
aussi les espèces en sont sorties pour le service de l'Etat. Il semble que pour asseoir
son jugement on n'a qu'à consulter le Directeur de la Recette Générale et la comptabilité de cet établissement.

Je ne pense pas qu'on me demande de
spécifier si c'est à payer tel pont, tel navire
de guerre, telle batterie de canons, les
appointements publics ou la solde et la
ration de tel mois, que j'ai affecté telle ou

telle valeur reçue de tel ou tel condamné. Les espèces reçues n'étaient pas spécialement marquées, étiquetées pour tel emploi déterminé. Elles se sont, après ordonnancement, confondues, tout comme les autres entrées, dans la masse totale des recettes, et par la suite elles ont servi, au fur et à mesure, à acquitter des dépenses légales.

J'affirme, avec la plus inébranlable conviction, que cette assertion, à savoir qu'on ne peut dire *comment se sont effectuées les frappes ou émissions de nickel ou de papier-monnaie, comment s'est opéré le règlement de certaines condamnations pécuniaires du procès de la consolidation* est radicalement et matériellement fausse.

Je ne comprends pas qu'on ait pu la soutenir par devant le Corps Législatif, car il était facile, tant par le *Moniteur* officiel, que par le Département des Finances et par la Recette Générale, de se rendre compte que toutes ces opérations ont été absolument régulières et parfaitement controlées.

Ce contrôle, d'ailleurs, peut toujours être repris. Je sais bien que les vétérans du Département des Finances, ceux qui en étaient l'honneur et la tradition, ne sont plus en place. Mais rien ne fait présumer que leurs successeurs n'estiment au même degré le respect de la vérité et n'en aient grand souci, même lorsqu'il s'agit d'un adversaire politique.

Je ne dis pas : surtout lorsqu'il s'agit, je me borne à dire lorsqu'il s'agit d'un adversaire.

## VIII

Le Rapport ajoute :

« Vos commissaires s'empressent-ils de vous dire que la loi sur la Trésorerie a été, dans bien des cas, violée durant l'exercice sur lequel ils rapportent. »

Malheureusement on ne cite pas ces cas. Il est donc à regretter que la commission se soit montrée si peu explicite, car elle aurait pu en spécifier quelques-uns, pour appuyer cette affirmation catégorique.

Devant cette abstention, je suis obligé de déclarer que personne n'a jamais eu plus que moi souci de l'observance de nos *Règlements pour le service de la Trésorerie*.

Lors de la rupture avec la Banque Nationale dans les circonstances que l'on sait, et par la suite de la création de la Recette Générale, j'imposai ce règlement, avec la plus extrême sévérité, à la nouvelle institution.

Le Ministère des Finances ne s'est pas départi, en ce qui concerne ses propres agissements, de cette règle de conduite durant toute mon administration.

Cette règle a-t-elle fléchi en ce qui a trait à la Recette Générale ? Et le blâme de la Commission vise-t-il plutôt notre Trésorerie que le Département des Finances ? Je n'en sais rien.

Cependant, si c'est, à proprement parler, notre service de Trésorerie que ce blâme vise, je crois, jusqu'à preuve contraire, qu'il est aussi immérité que s'il s'adressait au Département des Finances.

Je n'ai aucune raison de défendre M. Catts Pressoir. Je veux oublier — j'ai oublié, en ce genre, tant de choses ! — que j'ai créé la Recette Générale de Port-au-Prince et que M. Pressoir en fut le chef désigné par moi. Mais ce que je n'oublierai pas, et parce que cela se rattache à l'intérêt général, c'est que ce fonctionnaire fut la personnifica-

tion de la probité et du devoir administra-
tifs dans son expression la plus solide.
On n'est à quoi que ce soit obligé, et dans
quelque circonstance que ce soit, envers
un ministre tombé. Mais moi je dois toujours me rappeler que ce fut une crise ter-
rible que celle que je traversai après avoir
enlevé le service de notre Trésorerie à la
Banque Nationale, et que dans cette crise
ce fut une chance heureuse pour le pays
de trouver M. Catts Pressoir pour diriger
la Recette Générale !

A la page 270 du tome premier de mon
ouvrage *Le Général Nord Alexis*, j'ai écrit
ceci : « Au-dessus de l'effort qui créa notre
Trésorerie haïtienne, il y avait la conviction
populaire qui la vivifia et qui la défendra
sans doute dans l'avenir... »

J'ai bien peur que cette conviction populaire soit vaine pour le moment ou bien
endormie. Je ne puis m'empêcher de penser
que ces violations à nos règlements admi-
nistratifs, signalées sans preuve, ne soient

une préparation de l'opinion publique à la remise de notre service de Trésorerie à la Banque Nationale. Puis est venue la révocation de M. Pressoir... On me pardonnera si j'avoue que mon angoisse a grandi et que j'ai trouvé dans ce fait encore une nouvelle indication de la condamnation définitive de notre Trésorerie haïtienne.

Peut-être suis-je dans l'erreur. Peut-être que le choix d'un bon directeur viendra remettre toutes choses en place... Comment, en effet, ne pas comprendre que l'honneur national est en jeu ? Comment ne pas sentir que si la Recette Générale doit disparaître, il faut qu'elle disparaisse debout, car elle est haïtienne, elle tient largement de notre domaine civique ? Qu'elle meure donc comme il convient de mourir quand on a naguère incarné l'ordre, la confiance, l'espérance devant la vaincue d'hier, écrasée sous ses méfaits qu'on oublie trop, il nous semble ! Etranglée par les nécessités politiques de nos hommes d'Etat, soit ; mais non déshonorée dans la boue d'aucun scandale financier !

Je souhaite que son nouveau directeur soit homme à garder jalousement cet idéal, ou — s'il avait subi quelque éclipse — à le faire revivre pour l'instant suprême !

Et si vraiment cette éclipse s'était produite, combien l'ancien directeur ne doit-il pas regretter amèrement son opposition de jadis à la nomination d'un sous-directeur, car c'est de là, de cette absence d'un contrôle intérieur, qu'a dû venir tout le mal ! (1).

Parmi les commissaires que le Gouvernement actuel a nommés, dit-on, pour s'entendre avec la Banque Nationale d'Haïti et pour lui remettre le service de la Trésorerie, se trouve le chef de cabinet du Président, M. Marcelin Jocelyn. On affirme que la valeur morale et les connaissances de ce concitoyen sont incontestables. On peut avoir quelque espoir qu'il saura défendre

_______

(1) *Le Général Nord Alexis,* tome II, page 240.

de son mieux les intérêts haïtiens. Pour ma part, cet espoir s'appuie sur la lettre suivante que je reçus de lui en septembre 1907, alors que j'étais ministre des finances.

Mon cher Ministre et ami,

J'ai reçu, hier votre rapport aux Chambres sur la situation de la Banque vis-à-vis du pays et l'ai lu avec un vif intérêt. A part la grande portée patriotique que comporte dans son ensemble ce travail gigantesque de revendication de nos droits trop souvent lésés par la Banque, vous avez le mérite d'avoir posé les questions soulevées dans ce rapport sur des bases si solides, qu'il sera désormais difficile, à l'avenir, d'abandonner la poursuite de ces réclamations sans mériter les blâmes de la nation. Lorsque le patriotisme vrai sera entré dans la mentalité haïtienne sous une forme doctrinale, il importera bien peu au vrai citoyen de durer ou non aux affaires. Pourvu qu'on ait posé la première pierre d'une œuvre utile, on ira joyeux se remettre de ses fatigues, convaincu que d'autres viendront continuer l'œuvre ébauchée. Mais, hélas ! ce temps est-il bien près d'éclore sur le sol béni de notre malheureux pays ? Ne sommes-nous pas

encore à nous demander trop souvent : Que
deviendra après nous le petit édifice dont nous
avons consacré nos forces et nos veilles à
poser les premières bases ? Il faut avouer que
souvent aussi la faute en est à ceux qui, arrivés
aux affaires, s'ingénient à imprimer aux choses
publiques la marque indélébile de leur indivi-
dualité, parfois trop ignorante, pour que leurs
successeurs soient intéressés à marcher sur
leur trace. C'est par là que le Gouvernement
se montre admirable dans votre rapport. Rom-
pre avec la fraude et l'ignorance, mettre dans
l'accomplissement du devoir de la compétence
et de la sévérité, de la volonté surtout,
émaillée de la plus haute modestie, voilà le
seul sentiment dont le Gouvernement semble
animé vis-à-vis de la Banque. Aucune person-
nalité, tout s'efface devant le grand intérêt de
la nation ! Ce n'est pas Son Excellence le président de la République — encore moins son
ministre des finances — qui, se drapant dans
de grands mots de valeurs, dans de belles
phrases sonores, brigue à la barre de l'opinion
la vaine gloire que, seules, les cabales peuvent
donner. On sent, en lisant le rapport, l'œuvre
collective de l'Etat, réclamant décidément ses
droits.

J'admire bien ce tact de procédurier avisé
avec lequel, pour contraindre la Banque à ren-

trer dans ses torts et à faire l'aveu contenu
dans la lettre en date du 30 juin 1906, de
M. Ch. Van Wyck, vous avez dit à celui-ci :
« Je vous prie de me faire savoir si c'est bien
cette valeur de c. 28,031.68, d'après vos comptes, que la Banque Nationale doit restituer
à l'Etat, pour commissions *illégalement* prélevées », etc. ? Voyez-vous avec quel soin et
quel artifice la Banque avait creusé ce préci-
pice où vous l'avez culbutée par cette question ? C'est bien elle qui avait insinué ces
chiffres, il fallait bien qu'elle les acceptât. Or,
vous avez compris que ce qui importait pour
le moment, c'était de saisir l'aveu d'une fraude
dont la Banque avait été positivement inculpée
par l'opiniâtreté que vous mettiez à lui récla-
mer les valeurs *illégalement* portées par elle
sur le débit de l'Etat. Maintenant que son aveu
est complet, la Banque entre dans un système
d'échappatoires qui ne saurait résister à la
moindre analyse. En vain, pour ne pas restituer l'argent, elle invoquera le principe de la
compensation, après avoir avoué qu'elle a
reçu, non pas reçu mais retenu ce qui ne lui
était pas dû. Comment ne pas restituer l'objet
de cette détention illégale ? La compensation !
Mais qui ne sait pas les conditions que doivent
présenter une dette et une créance pour
qu'elles puissent s'éteindre par compensation ?

La Banque éprouve, paraît-il, dans son parti
pris de nous tenir sous sa tutelle humiliante,
un secret plaisir de se fourvoyer, en se basant
sur des consultations erronées qu'elle oublie
d'avoir obtenues en raison du prix qu'elle met
à les avoir. Si l'attraction de l'or, jointe à un
préjugé quelconque que les rois de la finance
entretiennent contre notre pays, ont fait que
la Banque et ses Conseils soient atteints de
daltonisme d'une espèce jusqu'ici inconnue,
ceci ne serait pas fait pour nous étonner. Nous
savons que, dès que les intérêts de notre pays
se trouvent aux prises avec l'ambition effrénée
de certains banquiers européens, les lois
d'optique sont toutes différentes de ce qu'elle
sont ailleurs. Alors où trouver le moyen de
faire voir bleu à la Banque là où elle voit
rouge, si ce n'est en la soumettant aux déci-
sions de cette autorité supérieure qui s'appelle
la justice ? Mais comment la Banque ne con-
çoit-elle pas que ses intérêts ultimes lui com-
mandaient de vous écouter, de se guérir de sa
fièvre de s'enrichir à nos dépens, pour ne s'en
tenir qu'à l'exécution stricte de son contrat ?
C'est donc vrai que l'intérêt aveugle ; mais on
devrait dire le faux intérêt, car l'intérêt vrai
de la Banque serait la sagesse dans un petit
nombre d'affaires régulières, et non la folie de
la spéculation. Elle mérite qu'on la fasse

entrer à coup de massue à l'école du million-
naire Carnegie.

Dès que la Banque se sent la main trop for-
tement secouée dans le sac, elle fait avec
empressement un calcul dans lequel elle insinue habilement les chiffres qu'elle rendrait si
on les lui demandait. C'est bien ce qu'elle fit
pour ne restituer sur les doubles commissions
prélevées sur recettes et dépenses que
28,031.08. Acculée sur la question des 5 0/0
indûment prélevés sur traites sur l'Europe, la
Banque recourt à sa tactique bien connue.
Mais cette fois, cela ne marche pas ; l'on n'a
plus besoin d'aveu d'elle : on lui demande un
règlement, une restitution. Le calcul qu'elle
insinue dans sa lettre du 6 mars 1907 n'a donc
aucun effet sur le chiffre de 14,975 piastres
auquelle elle arrête sa prétendue commission
de ducroire. Elle ne voit pas tout ce qu'il y a
d'arbitraire dans ce calcul. Et elle a dû se
mordre le pouce d'être allée si loin dans son
argumentation, si elle savait que, contrairement à la première fois, vous n'alliez pas
l'enjoindre à verser ce chiffre au Trésor
public. Ce rapport, en somme, bien que je ne
l'aie pas encore lu à tête reposée, m'a beaucoup
plu. S'il était permis à un inférieur de faire
des compliments à son chef, je ne saurais vraiment pas où trouver les expressions que

j'eusse voulu employer pour vous les faire. Vous savez, du reste, que je me trouve avec vous sur ce point en communion d'idées depuis votre premier ministère. Nous n'avions pas désiré que cette Banque fût détruite. On ne lui demandait que le respect de nos intérêts ; mais si elle se montre arrogante et sourde que voulez-vous ?

J'ai reçu une brochure que, sans nul doute, la Banque a fait publier pour se justifier de sa bonne gestion dans l'emprunt de 50,000,000. Bien que je ne sois pas encore bien pénétré de cette question, je ne pouvais pas m'empêcher de souligner la faiblesse de la plupart des arguments de cette brochure.

En attendant le moment où j'aurai probablement l'insigne honneur de vous presser la main, je demeure, mon cher Ministre et ami, votre très dévoué et obéissant serviteur,

M. JOCELYN, *avocat.*

M. F. Marcelin, secrétaire d'Etat aux départements des finances et du commerce.

*Port-au-Prince, ce 11 septembre 1907.*


Cette lettre est d'un homme qui pense, qui raisonne, qui, au besoin, fera prévaloir sa pensée et son raisonnement. Je l'ai

donnée ici dans la conviction qu'elle forti-
fiera notre patriotisme défaillant, et trop
prêt à lâcher prise.

A la page 213, tome II de ce même ouvrage *Le Général Nord Alexis*, j'ai parlé
du rapport final de la commision d'enquête
sur l'emprunt nominal de 50,000,000 de
francs. Voici une nouvelle lettre sur ce
même sujet. Elle établit quelles étaient, à
l'époque, les réclamations du Gouverne-
nement contre la Banque nationale d'Haïti.

*Port-au-Prince*, 16 *janvier* 1907.

Au Secrétaire d'Etat au département
de la justice.

Mon cher Collègue,

Le Conseil des Secrétaires d'Etat, dans sa
séance d'hier, ayant décidé que, conformément
aux conclusions du rapport de la commission
d'enquête, les comptables envers la nation de
la manutention et du maniement des fonds de
l'emprunt de 40,000,000 de francs effectif, doivent restituer au Trésor public 340,920.23
dollars-or, je vous prie de vouloir trouver sous

ce couvert le rapport de ladite Commission d'enquête, où se trouvent consignées lesdites conclusions, lequel rapport je vous adresse en conformité de la décision du Conseil, pour être fait ce que de droit.

Je vous prie de m'accuser réception de ce document.

Avec mes meilleures salutations,

F. Marcelin.

## IX

J'ose, en terminant, exprimer toute ma confiance dans l'équité et la sagesse du Corps Législatif. Une Assemblée délibébérante, élue du suffrage universel, qui a donné maintes preuves de bon sens politique, ne peut pas et ne doit pas se rendre solidaire des passions du moment....

Je connais la grosse majorité du Corps Législatif. Elle est formée d'esprits sages, pondérés, prudents. Comment pourrait-il leur échapper qu'il y a là, entre cette philippique contre la Chambre des Comptes et le jugement porté sur l'administration du général Nord Alexis, une coïncidence singulière ? Qui ne voit que les foudres du rapport n'ont tonné sur la Chambre des Comptes que parce qu'elle n'a pas satisfait certaines espérances et certaines rancunes ?

C'est un fait significatif. J'ai l'espoir qu'il

n'échappera pas à la sagesse du Corps Législatif.

J'ajoute enfin que, même si les documents, rapports, pièces à la Trésorerie Générale et au Département des Finances, concernant ma comptabilité, avaient disparu dans un cataclysme quelconque, — ou que par mégarde, sans intention malveillante, je veux le croire, on eût oublié de les faire parvenir à qui de droit, — les présomptions morales plaideraient encore en ma faveur : car, moi, je n'ai pas *traîné* ma charge, je l'ai portée...

Et j'écris cela sans immodestie, parce que c'est la vérité.

Paris. Société anon. de l'Imprimerie Kugelmann (L. Cadot, direct.)
12, rue de la Grange-Batelière.

# FRÉDÉRIC MARCELIN

**Ducas-Hippolyte** (Biographie d'un poète haïtien)

**La Politique** (Discours à la Chambre des Députés)

**La Banque Nationale d'Haïti**

**Questions haïtiennes**

**Le Département des Finances et du Commerce d'Haïti**

**Les Chambres législatives d'Haïti**

**Choses haïtiennes** (Politique et littérature)

**Haïti et sa Banque Nationale**

**Nos Douanes** (Haïti)

**Haïti et l'Indemnité française**

**Une Évolution nécessaire**

**L'Haleine du Centenaire**

**Le Passé** (Impressions haïtiennes)

**Autour de deux Romans**

**Thémistocle-Epaminondas Labasterre** (OLLENDORFF)

**La Vengeance de Mama** (OLLENDORFF)

**Marilisse** (OLLENDORFF)

**La Confession de Bazoutte** (OLLENDORFF)

**Le Général Nord Alexis — 1905** (Tome I) **1906-1907** (Tome II) — **1908** (Tome III)